本书出版受到国家自然科学基金项目（42071220、41671172）资助

专业村集聚演化机理研究

马玉玲 ◎ 著

中国财经出版传媒集团
中国财政经济出版社

图书在版编目（CIP）数据

专业村集聚演化机理研究／马玉玲著．--北京：
中国财政经济出版社，2023.6
ISBN 978-7-5223-2185-1

Ⅰ.①专… Ⅱ.①马… Ⅲ.①农村经济发展-研究-河南 Ⅳ.①F327.61

中国国家版本馆 CIP 数据核字（2023）第 074205 号

责任编辑：马　真　　　　　责任印制：刘春年
封面设计：陈宇琰　　　　　责任校对：胡永立

专业村集聚演化机理研究
ZHUANYECUN JIJU YANHUA JILI YANJIU

中国财政经济出版社 出版

URL：http://www.cfeph.cn
E-mail：cfeph@cfeph.cn

（版权所有　翻印必究）

社址：北京市海淀区阜成路甲 28 号　邮政编码：100142
营销中心电话：010-88191522
天猫网店：中国财政经济出版社旗舰店
网址：https://zgczjjcbs.tmall.com
北京财经印刷厂印刷　各地新华书店经销
成品尺寸：170mm×240mm　16 开　12.25 印张　166 000 字
2023 年 6 月第 1 版　2023 年 6 月北京第 1 次印刷
定价：68.00 元
ISBN 978-7-5223-2185-1
（图书出现印装问题，本社负责调换，电话：010-88190548）
本社质量投诉电话：010-88190744
打击盗版举报热线：010-88191661　QQ：2242791300

序

闻知马玉玲博士的著作《专业村集聚演化机理研究》即将付梓出版,作为她的博士生导师,想和大家一起分享她的成长和快乐。2015年,我有一个博士生招生指标,有8位申请者,我收到她的邮件是1月5日,当时她已在高校工作,而且有一个7岁的孩子。根据往年招生经验,在职攻读学位效果往往不如人意,况且她前期的科研积累也比较薄弱。邮件附件包括个人基本情况、学习动机、知识储备、学习目标与计划四部分,言语之中强烈透露出对知识的渴望和追求,在分析自己优缺点的基础上,规划了自己的努力方向、目标及实施路径。

我认为她是一个好苗子,8年多以来,她经历了蜕变,我见证了一个学生从毫无头绪到拥有独特见解和优秀研究成果的过程。从玉玲读博士开始,到她毕业后进一步跟我做博士后的合作研究以及进入高校继续科研工作,她的外围环境发生了很大变化,唯一不变的是她对学术探索的热爱、执着和坚持,这得益于她超乎常人的勤奋和毅力。由于她的研究领域是一个跨学科的研究,需要从原有单纯的经济学背景,再学习地理学科的研究范式,这是一个不小的挑战。所幸的是,通过长时间的努力和深入探索,她在这一交叉学科领域内发现了新的视角和解决问题的方法,取得了独到的研究成果。

或许是由于我们都具有生于农村、长于农村这样的"农村娃"背景,我们对农村问题有着共同的兴趣和天然的热爱。本书正是基于这种兴趣和热爱,多次深入案例区开展深度调研,解构现实中的复杂问题,并进行理论升华,形成了独特的逻辑框架,得到了既接地气又具有一定理论价值的研究结论。该书主要研究专业村这一以农村特色优势产业项目为基础的典型地域形态,探讨专业村空间上和功能上的集聚形态与演化机理,为国家战略层面上调整农业产业结构、发展现代农业产业、促进乡村振兴和农业强国建设贡献智慧和建议。

仔细阅读了玉玲博士的成果，我有以下四点心得，与大家交流。一是此书具有独特的研究视角。从专业村集聚出发，研究专业村主导产业从何而来，又将如何演化发展，探讨了农村经济发展的新思路和新模式，为中国农村经济发展提供新思路和新方向。二是此书拓展了专业村集聚的新内涵。结合实践，她对专业村概念进行了诠释，丰富了专业村集聚的内涵，由空间集聚拓展到功能集聚，由静态的集聚拓展到动态的集聚。三是此书运用了多样的研究方法。采用经济学、地理学、社会学、系统动力学等多学科研究方法，博取众长、自成风格。四是此书提出了可操作化的措施建议。科学预测专业村未来发展情景的基础上，她设计了农村产业转型升级的不同路径，所提出的政策建议具有很好的可操作性和实用性。本书的研究成果不仅适用于中国的专业村集聚，还可以为其他国家和地区的农村经济发展提供参考和借鉴，具有一定的推广价值。

中国农村的发展面临着许多挑战，其中之一是如何促进农村经济的发展。专业村集聚是一种新型的农村经济组织形式，它通过集聚一定的专业人才和资源，形成规模化、专业化的生产和服务体系，来提高农村经济的效益和竞争力。然而，专业村集聚的发展也面临着许多问题，如资源配置不均衡、管理不规范等。因此，进一步深入研究专业村集聚发展中的现实问题，也是今后农村研究的一个重要研究方向。如果本书能够给同样乐于研究农村问题的同行和朋友带来一点启发，给相关政策决策部门提供一点参考，也是我和玉玲博士的期待和奢望。

当然，农村经济是我国经济发展的重中之重，也是难点所在。难就难在中国农村地域之广、区域差异之大、涉及人事物之繁杂，以河南太行山麓为案例区开展专业村集聚的演化机理研究，可能似有偏颇。研究结论是否具有普适性？在国内其他农区能否推广？与国情不同的发达国家发展是否具有相同（相似）的演化规律？当然，为世界贡献中国智慧、中国方案的基础上，重塑国际话语体系，这是一个宏大的目标，需要我们一道、齐心协力、携手并肩，砥砺前行。也希望各位专家和学者在批评指导的同时，多帮助、支持玉玲等年轻人的发展。我坚信，实现中国式乡村产业现代化、中国式乡村建设现代化、中国式乡村治理现代化、中国式农业农村现代化将指日可待、未来可期。

乔家君

2023 年 6 月 22 日于开封新民苑

前言

在当前乡村振兴总体战略背景下，我国乡村的可持续发展已成为理论和实践层面亟待研究的问题。专业村是实现产业兴旺和乡村经济可持续发展的引擎，对其研究具有理论和现实意义。目前专业村的发展在空间上呈现出由点到面的趋势，集聚趋势明显，而对于这一新现象的理论研究尚停留在空间特征的描述层面，亟须对其内部机理进行深入剖析，以窥探专业村及其集聚发展的内部驱动力，为乡村的可持续发展和乡村振兴战略提供理论参考。

以区域经济学、演化经济学、发展经济学等为基础，沿着"提出问题—构建理论框架—进行理论分析—开展实证检验"这一逻辑思路，综合运用多种研究方法，在研究团队多次调研的基础上，选取河南太行山麓为研究案例区，探讨专业村集聚演化过程及机理。主要结论如下：

（1）专业村集聚的含义包括三方面：一是空间上的地理集聚；二是功能上的有机整合；三是时间尺度上的动态演化。专业村集聚的外延（空间）演化往往遵"中心—外围"模型的路径，由最早发展专业项目且效益较好的专业村向外扩散，由点到面，逐渐形成集聚区；专业村集聚的内涵（功能）演化主要受到亲缘、地缘及业缘联系的影响，逐渐形成横向一体化、纵向一体化和集聚网络化，带来规模效应、协同效应和累积效应，进而导致集聚区内部的专业村之间的联系密度逐渐增强；专业村集聚的外延和内涵是不断动态演化的。

（2）专业村集聚演化过程可以分为三个阶段，且不同阶段主要影响因素和驱动机理不同。形成期以资源禀赋为基础，以根植性与路径依赖为机理；成长期则以劳动力流动为核心，考察这一要素流动所表征的人才、技术、市场的变迁，进而通过分工与专业化机制推动专业村集聚发展；成熟期由于负外部性是集聚系统本身无法克服和解决的，因此，政府作用是该阶段集聚系统能否健康可持续发展的关键。

通过系统动力学对上述理论分析进行验证,发现河南太行山麓专业村集聚效应呈"S"形发展趋势,可以将此曲线粗略地划分为三个阶段:形成期(0—8年)、成长期(8—20年)和成熟期(20—30年)。在专业村集聚初期,资本(尤其是资源型资本)起主要作用,这一作用主要通过资源禀赋的根植性与路径依赖机理进行传导;而在成长期,人才和技术是集聚效应增长的关键,随着分工与专业化的深化,专业村的功能集聚更加凸显,以原有的专业项目为依托,逐渐地向其前向、后向关联产业发展,原有的技术已不能满足发展需求,因此对技术与专业人才的需求也日渐增多;到了成熟期,专业村集聚的规模已逐渐突破最佳规模,负外部性出现,政府作用在此阶段较为显著。

(3)进一步从微观主体视角来看,专业村集聚处在多种力量和行为层次的交界面,其发展演化是一个多层级多阶段共同演化互动的过程。基于微观主体选择互动对象的随机概率,借用三分法将专业村集聚发展的共演互动过程分为三个大的发展阶段:第一是共演系统的形成阶段,微观经济主体仅与少数的几个对象互动合作,且关系比较稳定。第二是共演系统的成长阶段,此阶段专业村集聚主体之间以及与外部环境之间共演型互动的随机性增加,微观主体之间不再局限于早期基于亲缘和地缘的联系对象,而是积极寻求更有利于自身发展的互动网络。互动层级也不仅仅限于微观层面,中观层面的经济主体与外部环境的相互作用也越来越多。第三是成熟稳定的发展阶段,全面的多层级互动已经实现。主要表现为各层级内部的互动交流频率增多,交流层次不断提高,尤其是微观主体的专用知识进一步增加,且知识的可编码化程度提高,同类主体之间的模仿较易发生,竞争也日趋激烈。

通过社会网络分析法对理论分析进行验证,发现河南省太行山麓专业村集聚经历了低水平均衡阶段、极核阶段和高水平均衡阶段。在低水平均衡阶段,专业村之间联系密度低,经济主体之间联系较少;在极核阶段,随着区域内专业村数量的增加及规模的扩大,某些具有独特优势

（资源、区位、能人等）的专业村成为该区的"增长极"，形成初步的职能上的层级关系；在高水平均衡阶段，横向一体与纵向一体的各种专业村之间、专业村与外部的经济主体之间形成相互依赖、相互制约的相对均衡的网络结构，网络结构的协同效应促使集聚区专业村向更高水平发展，进而推动区域整体发展水平。

（4）通过政策情景仿真设置了四种不同的政策情景，并有针对性地提出专业村集聚不同阶段的政策建议。仿真结果发现：在提高政府人才激励作用变量的情景下，集聚效应在形成期并没有明显提高，而是在成长期以后才有显著提高，说明在专业村集聚演化的形成期，政府作用对人才这一要素尚且不能起到重要作用；在加大政府技术推广作用变量的情景下，集聚效应在形成期的变化不显著，而在成长期和成熟期变化较为明显，这说明政府的技术推广作用在专业村集聚演化的后期非常有必要；在提高政府金融服务作用变量的情景下，集聚效应在形成期就有明显的提高，且在成熟期对集聚效应的贡献也较为显著，这说明在专业村集聚过程中，资金短缺伴随着其发展的始终，尤其是起步阶段和发展的中后期，政府的金融支持对专业村集聚效应的提高具有较大的作用。鉴于以上政策情景仿真结果，提出专业村发展不同阶段的政策建议：专业村集聚演化发展的形成期，政府应加强发展方向上的引导和良好经济环境的营造；成长期，政府应为专业村集聚区的结构转型和质量提升提供制度保障；专业村集聚演化发展的成熟期，政府应加强本地专业化项目的整体实力和竞争力的提升；专业村集聚演化的可持续发展，政府应注重制度创新。

本书的主要贡献在于：（1）丰富了专业村集聚的内涵，侧重于集聚功能的研究。将专业村集聚的含义由空间上的概念拓展至功能，由静态延伸至动态，侧重探讨专业村集聚在功能联系上的动态演化机理。从理论和实证两方面解读专业村集聚演化不同阶段的驱动机理，包括根植性与路径依赖驱动的形成机理，分工、专业化与规模经济主导的内生演进机理，外部性与政府作用的外生驱动机理以及多层级多阶段互动的共同演化机理。(2) 从系统论视角阐释了专业村集聚演化机理。已有成果探讨专业村及专业村集聚形成及发展因素时，多以单向因果关系分析为主，较少考虑因素间相互作用关系。而事实上，专业村及其集聚发展是一个系统问题，要素之间存在着相互掣肘的微妙关系。本书从系统论视角对专业村集聚演化的机理进行系统分析，通过"流"的动态分析，分析人才流、资本流、技术流等要素对专业村集聚效应的共同作用，将系统结构和系统功能联系起来，摒弃了相互割裂的弊端，对专业村集聚系统中不同主体、不同要素在不同层面和不同阶段的复杂关系进行尝试性的探讨。

目录

1 绪论　　/1
　　1.1　研究背景　　/3
　　1.2　研究意义　　/6
　　1.3　研究问题的提出　　/7
　　1.4　研究方法与技术路线　　/8
　　1.5　研究内容与框架　　/11

2 概念界定与文献综述　　/13
　　2.1　概念界定　　/15
　　2.2　文献综述　　/25
　　2.3　研究评述与启发　　/32

3 理论基础与分析框架构建　　/35
　　3.1　理论基础　　/37
　　3.2　理论框架构建　　/54

4 专业村集聚演化机理的理论解释　　/57
　　4.1　形成机理：根植性与路径依赖　　/59
　　4.2　内生演进机理：分工、专业化与规模经济　　/69
　　4.3　外生驱动机理：外部性与政府作用　　/81
　　4.4　共同演化机理：多层级多阶段共演互动　　/90
　　4.5　本章小结　　/97

5 河南太行山麓专业村集聚测度与演化特征 /99
- 5.1 案例区选取与数据来源 /101
- 5.2 集聚区空间识别及演化特征 /106
- 5.3 专业村功能集聚测度与演化特征 /111
- 5.4 本章小结 /118

6 专业村集聚演化的系统模拟 /119
- 6.1 模型适用性分析 /121
- 6.2 专业村集聚演化的系统动力学框架构建 /128
- 6.3 专业村集聚系统动力学模型 /133
- 6.4 河南太行山麓专业村集聚演化模拟及动态结果 /139
- 6.5 本章小结 /151

7 结论与展望 /155
- 7.1 主要研究结论 /157
- 7.2 创新与展望 /162

参考文献 /165

1

绪 论

1.1 研究背景

1.1.1 产业兴旺是乡村振兴的基础和动能来源

进入21世纪以来，中央一号文件自2004年开始已连续20年聚焦农业、农村和农民问题，凸显出"三农"问题在中国"重中之重"的地位，但同时也折射出"三农"问题的复杂性和动态性迫使顶层设计要因势利导地进行重大调整。梳理2004年到2023年中央一号文件对"三农"问题的关注重点，也可以窥得我国农业、农村和农民问题的发展情况。中央的"三农"战略从关注农民增收、农业综合生产能力、新农村建设这些直接的农民收入、农业生产、农村建设等"量"的提升，逐渐过渡到"三农"问题"质"的发展，如2010年以来更为关注统筹城乡发展、农业科技创新、新型农业经营主体（如家庭农场、专业大户、农村专业合作社等）、农业现代化、三产融合、农业供给侧结构性改革、乡村振兴等发展主题，2020年中央一号文件提出发展富民乡村产业，2021年强调构建现代乡村产业体系，2023年更是提出推动乡村产业高质量发展。总体上政策导向表现为从单纯的政策扶持到激发农村自身的经济增长潜力，从单纯地追求经济增量提高到农业经济结构调整（安虎森等，2015）。

纵观20年来我国对于"三农"问题的顶层设计，可以看出乡村产业发展是乡村振兴、乡村高质量发展的关键。如2018年中央一号文件明确提出的"五位一体"乡村振兴战略中，产业兴旺被放在了第一位，说明它是乡村振兴的基础，也是其他方面的动能来源。首先，产业兴旺能够为乡村振兴提供稳定可靠的收入来源。农民增收是乡村振兴的重中之重，而通过发展乡村产业，能够为农民增收提供持续性的收入来源。

其次，产业兴旺能够为乡村发展提供更完善的生活保障。随着农民收入的提高，其对生活质量的追求也会有了更高的要求，乡村产业的发展，尤其是一、二、三产业的融合发展能够为农民提供更高品质的产品。再次，产业兴旺能够为乡村振兴吸引更多的人才。乡村产业的发展会吸引一批企业到县域、乡镇、农村来发展，而这些企业所提供的就业机会也会吸引大量的人力资源到乡村发展。最后，产业兴旺是乡村振兴的保障。产业兴旺是经济发展的重要手段，而经济基础决定上层建筑，只有经济发展了，乡村的政治、文化、社会、生态等方面才能健康可持续发展。

1.1.2 专业村成为乡村产业兴旺的空间载体

在国家顶层设计和乡村振兴战略的推动下，我国乡村经济的发展整体上获得了长足的发展，而在众多的乡村发展模式中，专业村的发展则大放异彩，成为乡村经济的一个亮点。专业村是带动农村经济发展的重要载体，并犹如马赛克一样，镶嵌于广大农区（李小建等，2009）。尤其是在2007年中央一号文件明确了"一村一品"的国家层面战略以后，以专取胜、以特见长的专业村更是迸发出强大的生命力，专业村建设已成为提升农村经济核心竞争力的重要途径（龙花楼等，2014）。2019年中央一号文件再次强调加快发展乡村特色产业，因地制宜发展多样性特色农业，倡导"一村一品""一县一业"。2022年提出大力发展县域富民产业，大力发展县域范围内比较优势明显、带动农业农村能力强、就业容量大的产业，推动形成"一县一业"发展格局。2023年提出推动乡村产业高质量发展，培育乡村新产业新业态，继续支持创建农业产业强镇、现代农业产业园、优势特色产业集群。

实践证明，通过扶持发展一村一品、一乡（县）一业来发展乡村产业是一条行之有效的途径。据农业部统计（龙新，2015），截至2014年底，我国专业村总数已达5.5万之多，而且，专业村不仅在数量上有大的突破，而且真正起到了带动经济的作用，专业村农民人均纯收入为

11673元，比全国农民人均纯收入高出18%。从空间上来看，专业村主要分布在我国中东部，而专业村产业类型虽然仍然以种植业型专业村为主，但是已经逐渐出现非农产业、涉农服务业等第二、第三产业类型，且在空间上二、三产业的专业村也多分布在农业型专业村较为集聚的地域，呈现出三产空间上的耦合态势。乡村的产业兴旺需要在传统农业的基础上，围绕"农"做大文章，做"大农业"，延伸农业产业链条，如产前的农药、化肥等的生产，产后加工、销售、物流等，形成集产品生产、深加工、销售于一体的全产业链优势。

1.1.3 专业村集聚区成为农区发展的重要增长极

专业村作为村域经济的典型代表，其良好的经济效应具有示范作用，会辐射带动周边村庄，进而形成专业村的集聚发展（乔家君，2009）。国家战略也对推动专业村朝着集聚发展起到了重要作用，如2008年中央一号文件强调龙头企业对专业村的带动作用，2010年进一步提出扶持农民专业合作社，2013年则鼓励新型经营主体如家庭农场、专业大户等，2022年提出引导具备条件的中心镇发展专业化中小微企业集聚区，推动重点村发展乡村作坊、家庭工场，2023年侧重于完善县乡村产业空间布局，提升县城产业承载和配套服务功能，增强重点镇集聚功能。国家战略的导向性作用引致专业村的发展逐渐呈现出"星星燎原"的发展态势，其产生的规模效应、扩散效应等带动专业村向专业合作社、专业乡镇、专业经济区、专业产业带方向发展。由于国家层面的政策支持，专业村在发展实践中取得了较好的示范效应，在空间上的发展趋势表现为由点到面，伴随着扎堆现象出现了专业村集聚区，成为新时期农区发展的重要增长极。

从空间形态来看，专业村区域逐渐从不连续的"马赛克"点状形态向条、带、块状的集聚形态发展。集聚区域（热点区）主要集中在中国北部地区的黄河流域，呈块状发展，将热点和次热点区域统一起来看，集聚更加明显,位于中国北方,呈现出条带状发展的空间态势;将冷点和次冷点区域统一起来看,则主要分布在中国南方,在空间上连片存在。

从功能上来看,专业村集聚区对农区的带动作用要远远大于单体专业村,主要有以下几方面的原因:一是规模经济与范围经济带来成本优势,如原料成本、劳动力成本、运输成本、交易成本等;二是能够促进分工的深化,相关产业在邻近地域空间的集聚,更有利于形成纵向与横向的协作,进而提高效率;三是能提高知识的外溢效应,尤其是农区的"熟人社会"能增强彼此间的信任,更有利于核心技术与知识扩散,进而有利于创新的形成;四是享有区域与地方品牌优势,集聚发展能够将众多的专业户、专业村以及相关企业的优势形成合力,进而提高区域和地方品牌优势,提高区域相关产业的整体竞争力,进而带动区域经济整体的发展。

1.2 研究意义

基于以上研究背景,发现在当前的新形势下,农村经济发展成为缓解新时代下中国社会主要矛盾的关键所在。尤其不平衡不充分的主要矛盾主要体现在农村,因此当下实现全面建成小康社会的重中之重是补上"三农"这块短板(刘彦随,2018)。以乡村振兴战略中的"产业兴旺"作为主要抓手,以专业村作为产业兴旺的空间载体,探讨专业村及其集聚发展在农村经济发展中的引领作用,对我国农村经济具有重要意义。

在多数区域发展理论中,多以城市发展为核心,将农区作为外围区、腹地发展区,在一定程度上忽视了农区的研究。因此,有学者倡导加强农区研究,提出了农户自主发展能力(李小建等,2010)、农区自主发展能力(李小建等,2009)等概念,并进行了一定的论证。在农区研究中,村域是比较理想的空间单元(乔家君,2005),是人地系统的重要研究对象。以村域为研究单元透视我国"三农"新难题,研农村发展内生动力问题，能够使区域发展理论更加丰富完善。

1.3　研究问题的提出

鉴于以上分析，在我国进入实现全面小康的攻坚阶段和乡村振兴这一大的战略背景之下，专业村集聚作为乡村经济和产业振兴的引擎，对其研究具有理论和现实意义。围绕"专业村集聚"这一核心关键词，本书旨在通过"集聚"这一空间现象透视其内在演化机理，厘清这一复杂系统中不同尺度、不同主体、不同要素的相互作用，构建专业村集聚研究的理论体系，从规范分析的视角研究专业村集聚发展"应该是怎样的"，并在实证分析的基础上，对理论分析结果进行检验，用实证结果来探讨专业村集聚发展"是不是这样的"。基于这一思路，主要解决以下关键问题：

（1）构建专业村集聚演化机理的理论体系。专业村集聚演化是要素禀赋、分工与专业化、规模经济、外部性等共同作用的结果；参与这一过程的经济主体包括专业户、关联企业、专业协会、专业合作社、金融机构、科研机构等；涉及人才流、资本流、技术流、信息流等要素流；它既是一个微观层面的农户及企业等的发展问题，又是一个中观层面的产业发展问题，同时还是一个宏观层面的区域发展问题；而且这一问题并不是静态的，而是一个分阶段不断发展的动态演化问题。因此，如何将众多主体、诸多因素的一个多主体、多尺度、多阶段的复杂问题进行理论梳理，找出其最本质的内在规律，是一个富有挑战性的问题。

（2）通过案例区分析，探讨在某一特定区域内，是否存在专业村集聚区？如果存在，如何识别其空间边界？该专业村集聚区发展过程中动态演化特征是怎样的？未来会朝着什么方向演化？其演化过程与机理是否与理论分析相对应？通过对上述一系列问题的解答，期望从实证层面对理论分析框架进行检验。

1.4 研究方法与技术路线

1.4.1 研究方法

本书主要的研究方法逻辑是规范分析与实证分析相结合,首先在理论基础的指导下,通过规范分析构建理论框架和理论体系,然后选取河南太行山麓作为案例区进行实证分析,采用实地调研、深度访谈和电话访谈等调研手段,获取大量且较为全面的农户、专业村、专业村集聚区等不同空间尺度数据及相关资料,综合运用空间分析法、社会网络分析法、系统动力学等多种方法,对专业村集聚演化机理进行系统研究。具体的研究方法如下:

(1) 实地调查法

实地调查法（Field Survey Method）,也称为田野调查法,是微观研究的重要工具,能够弥补宏观数据缺乏、更新慢与数据失真等现实弊端,进而更为深刻地揭示人类社会活动行为规律与机理（Nicholas 等, 2003; 湛东升等, 2016）。专业村研究更离不开实地调查。本书作者所在的研究团队长期以来关注专业村发展,尤其是对于河南省专业村的发展进行了长期追踪研究,从 2008 年至今通过多次实地调研,对专业村予以持续关注,积累了大量的实地调研经验和数据,建立了丰富的动态数据库。本人也于 2016 年 9 月在导师的指导下,组织和参与过小区域的实地调查,为学位论文的实地调查积累了一定的经验。在此基础上,本书分别于 2016 年 11 月、2017 年 7 月、2017 年 11 月多次对研究案例区进行深入细致的实地调查,以掌握从整个案例区范围内的集聚区、专业村、农户等不同空间尺度的一手资料。

(2) 空间分析法

空间分析法 (Spatial Analysis Method) 是基于地理对象的位置和形态的空间数据的分析技术,是地理信息系统 (Geographic Information System, GIS) 的核心方法 (王劲峰, 2010)。在案例区分析中利用 ArcGIS 的空间分析模块对集聚区空间进行识别,本书探索专业村集聚的空间分布时,先利用全局空间自相关探索是否存在集聚,如存在集聚区,则运用局部空间自相关获知集聚区的具体位置。

(3) 社会网络分析法

社会网络分析法 (Social Network Analysis, SNA) 是刻画网络形态、特性和网络结构的一种重要分析方法,在社会学中的应用最为广泛 (Wasserman 等, 1994)。它是 20 世纪 60 年代以来社会学大师 Harison White 及其后继者 Boorman、Brieger 和 Freeman 等从图形理论出发提出的一种分析方法,能够对网络结构进行量化分析 (罗家德等, 2005)。本书中主要利用社会网络分析法描绘专业村功能集聚的特征。集聚区专业村功能上的联系构成了边界明确的网络结构,该集聚网络中,专业村为节点,专业村之间的联系是网络节点间的连线,节点与连线的空间组合表征了其网络结构。该网络结构体现了专业村之间复杂的联系属性,同时网络结构也会影响专业村的个体行为。

(4) 系统动力学法

系统动力学 (System Dynamics, SD) 是一门从系统论视角研究信息反馈系统、解决系统问题的交叉综合的横向学科 (钟永光等, 2017)。它结合了系统论、信息论、控制论等方法,将系统结构与功能统一起来分析自然科学与社会科学中纷繁芜杂的问题,被称为实际系统的实验室 (石敏俊, 2016)。系统动力学将系统组织的运作过程用"流"的方式来表达,如物质流、能量流、信息流、人员流、资金流等。本书将专业村集聚系统视为一个复杂系统,借助系统动力学方法,对其演化过程进行模拟,构建系统动力学模型,并对案例区集聚演化的过程进行模型、预测和政策情景仿真。

1.4.2 技术路线

本书沿着"提出问题—构建理论框架—进行理论分析—开展实证检验"这一逻辑思路，综合运用区域经济学、演化经济学、发展经济学等多学科的理论与方法，在研究团队多次调研的数据基础上，选取河南太行山麓为研究案例区，通过规范分析与实证分析两方面探讨专业村集聚演化过程及机理。技术路线如图1-1所示。

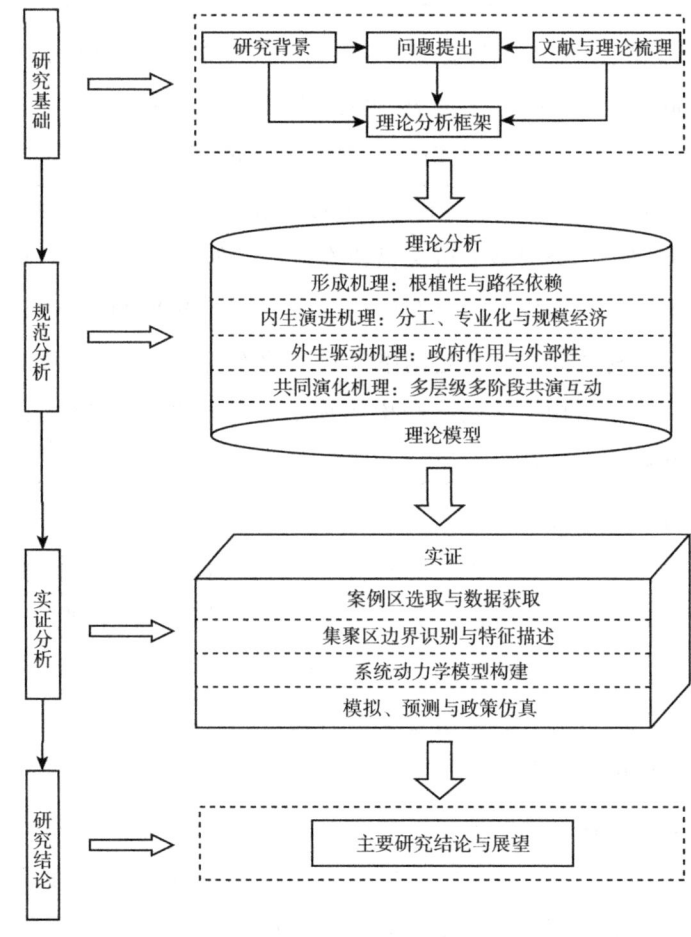

图1-1 技术路线

1.5 研究内容与框架

本书围绕"专业村集聚演化机理"这一核心问题进行论证,共计 7 章,可归纳为 4 部分:

(1) 第一部分为基础部分,包括第 1 章、第 2 章、第 3 章。第 1 章为绪论部分,主要从研究背景及研究意义出发,提出本书拟解决的问题,并阐述实现研究构想的方法和技术路线,梳理研究内容;第 2 章主要在核心概念"专业村""专业村集聚"界定的基础上,围绕这两个概念梳理前人的研究成果,在对已有研究成果评述的基础上进行思考;第 3 章承接第 2 章,在集聚理论、复杂系统理论、自组织理论、演化经济地理学理论、分工与专业化理论、界面理论等基础理论的指导下,构建本书的理论逻辑和理论框架。

(2) 第二部分为理论分析部分,主要为第 4 章。该部分是研究的重点部分,是在第一部分的基础之上,构建专业村集聚演化机理的理论模型。主要从 4 个方面展开论证:形成机理:根植性与路径依赖;内生演进机理:分工、专业化与规模经济;外生驱动机理:政府作用与外部性;共同演化机理:多层级多阶段共演互动。每一部分的论证逻辑都是在理论分析的基础上构建数理模型,通过数理模型的推导,对理论分析进行更为科学的表达。

(3) 第三部分为实证分析部分,为第 5 章、第 6 章。第三部分是对第二部分的验证,主要通过对河南太行山麓专业村集聚区的实证分析进行验证。其中,第 5 章是对河南太行山麓专业村集聚的测度和时空演化特征的刻画。首先对案例区选取的依据和基本概况进行介绍,并交代数据来源,其次在此基础上通过空间分析方法对河南太行山麓的专业村集聚区空间边界及演化特征进行识别,最后利用社会网络分析法对其功能集聚演化特征进行刻画。第 6 章是对河南太行山麓集聚演化进行系统模拟。首先探讨系统动力学的特点及对专业村研究的适用性；其次在分析专业村集聚演化系统机理的基础上，构建起系统动力学的研究框架，主要包括绘制要素流因果关系图、系统动力流图，构建系统动力函数模型，设置模型参数值和初始条件；最后利用系统动力学模型进行模拟、预测与政策仿真。

（4）第四部分为结论部分，为第 7 章。第四部分是对理论分析和实证分析的总结，得出主要研究结论，并对本书创新和存在的不足进行讨论，总结今后的研究方向。

2
概念界定与文献综述

2.1 概念界定

对研究对象的概念界定是研究的起点，对其外延和内涵的清晰界定是确定研究边界的基础。本书的核心研究对象是专业村及专业村集聚，因此首先对此二者进行明确的界定。在对相关概念辨析的基础上，阐述理论界对该概念的认识和界定，并结合实践中该概念内涵和外延发生的变化，提出本人对概念的认识和界定，为下文的研究奠定基础。

2.1.1 专业村

（1）相关概念辨析

①原工业化（Proto-Industrialization）。农村的专业化生产起源于欧洲，最早的如英国的"原工业化"（也称为农村家庭工业），在14—15世纪，英国乡村纺织工业的出现被视为"原工业化"的开端。随后，法国、德国等国也陆续出现类似的现象。这是最早实现以农户家庭为基本主体、乡村为基本空间单元的专业化生产方式。

在理论层面，Mendels（1972）最早提出"原工业化"的概念。他认为，"原工业化"是农业社会向工业社会转型的过渡阶段，是"原始的工业化"，或者"工业化之前的工业化"。Mendels指出，"原工业化是与地区专门化相伴随、与商品农业共存的农村家庭工业"。一般来说，原工业化的组织方式包括三类：单纯的家庭手工业、城市制造商将生产外包给农民、制造商直接在乡村或城郊建厂。

随后，学者们对原工业化的发展动因进行了长时间的观察和研究，得出不同的观点。如Mendels认为，原工业化一般发生在人口压力较大的游牧区或土地贫瘠的山区，当地的原始农业仅够维持生计，这为原工业化的发展提供了条件。Gullickson（1983）在研究了法国诺曼底的科镇地区后却认为，在土地肥沃的商品性农业区的原工业化也比较繁荣，季节性失业、土地的缺失和非生计农业是其原工业化的动力。科勒曼（Coleman，1983）则认为影响原工业化发展的因素很多，包括农业类型、土地占有规模、当地人口密度、居住条件、水力利用、原材料供应、荒地数量等。Malowist（1972）则从城市和乡村两方面分析了原工业化形成的原因，认为僵化的城市手工业行会、城市工人工资的提高和乡村经济中农民对额外收入的迫切需求共同推动了城市商人将工业向乡村转移。爱泼斯坦（2011）则认为从消费需求的角度来解释可能更为实际，原工业化是由黑死病后消费者对低成本消费品需求的增加而催生的，而且，实践中的原工业化发展不仅在地理空间上是高度集中的，而且其技术也是多样化的，这表明复杂的区位因素和产业集聚力量能够推动原工业化的发展。

实践中，欧洲的原工业化最终走向了两个极端：一些地区由此走上了工业化之路，而另一些则开始了"逆工业化"。而在理论上，原工业化理论后来也受到了诸多批判、质疑和否定。但是不可否认的是，原工业化推动了欧洲乡村生产的专门化和城镇化的发展。而原工业化理论对农村家庭工业的研究弥补了过去在这个课题上过分强调城市的缺陷，也为其他国家发展乡村工业提供了一些借鉴。

②公司镇（Company Twon）。美国的"公司镇"则是将公司引入乡镇经济，以公司为核心主体，带动乡村地区的专业化。公司镇是由个人或企业完全拥有、建造和经营的一个定居点（Porteous，1970），并建造厂房、商业等生产设施和住房、学校、医院等生活设施，甚至由企业管理层负责市政管理工作。公司镇的模式在欧美历史上也曾兴盛一时（Parsons，1986），美国马萨诸塞州的卢维尔镇被许多历史学家定义为美国第一个公司镇。当时，以推动美国工业革命而闻名的商人弗朗西斯·卡伯特·卢维尔在马萨诸塞州的沃尔瑟姆创建了自己的第一家纺织厂和波士顿制造公司（Merrimack 制造公司），卢维尔去世几年后，即

1823年，他的同事以他的名字在沃尔瑟姆以北20英里的地方建立了卢维尔小镇。

公司镇形成的初衷是企业为了留住人才，而在远离城市的边远小镇为员工提供便利的生活设施，而其发展走向却莫衷一是（Porteous, 1970）。大部分的公司镇由于管理问题而逐渐走向衰落，比较有代表性的如铂尔曼酒店品牌的创始人乔治·铂尔曼在1880年建起的"铂尔曼镇"。1880年，铂尔曼在伊利诺伊州芝加哥中央火车站向南约14公里处购买了一块约3500英亩的土地，这座企业镇应有尽有，呈现出现代化的特征，很快居住人口就达到了12000人。但是好景不长，由于为了"维持稳定有序的发展"，铂尔曼对其员工的控制越来越严，员工不能独立印刷刊物，不能发表公开演讲，等等，"不听话"的员工则会被剥夺租房的权利。1894年，由于经济大萧条导致美国实际工资的下降，但是铂尔曼镇的房租却没有随之下降，再加上工人由于严格监控而导致的不满，铂尔曼镇的工人组织了几次大罢工，铂尔曼镇也最终走向终点。然而，有的公司镇甚至一直留存到了今天且仍具活力，比如号称是"世界上最甜蜜的城市"的"好时镇"。好时镇是由巧克力大王弥尔顿·好时在1903年在美国宾夕法尼亚州距离华盛顿203公里处建造的一个公司镇（辛屿，2014）。与铂尔曼对员工的严格管理模式不同，好时镇的管理层对自己的定位是员工的"管家"，目的是为员工提供服务，因此在发展模式上，这两个公司镇也截然不同。铂尔曼镇为了便于管理，希望小镇是一个静态的"桃花源"式的小镇，在小镇内部有完善的设施，其员工极少与外界交流，而恰恰相反，好时镇则接入铁路，鼓励员工走出小镇，与外界交流，目的则是将小镇真正打造成为一个具有活力的城镇。

虽然由于公司镇的组织模式为由商业组织掌握经济管理权和政治管理权，在实践中引发了很多问题与争议（Stanger, 2011; Browne, 2010），但时至今日，公司镇的发展理念仍然可以作为企业和乡镇发展的一种参考。甚至在美国，著名社交网络公司Facebook在2017年就宣布,要在其位于加利福尼亚州门洛帕克总部大楼附近,建造起一个新的园区 Willow Campus,这个园区是一个集办公、住宅、交通设施以及各项生活服务于一体的空间。其创始人"希望通过重新创造社会生活来纠正想象中的社会问题,希望建立一种更具渗透性的关系,让员工建立一种归属感"。当然,美国公司镇的发展是基于美国独特的国情和时代背景(王一,2016),但是其发展中的经验和教训也同样能为其他国家的城镇发展所学习。例如,我国特色乡镇的发展也是在特色产业专业化基础上发展的乡镇发展模式,不过与美国公司镇不同之处在于行政管理权的归属不同。

③一村一品(One Village One Product,OVOP)。20世纪70年代末,日本大分县前知事平松守彦为减缓乡村人口下降、人才流失等问题而发起"一村一品"运动(One Village One Product,OVOP),该运动在大分县取得重大成果,随后在日本全面推广,对日本乡村经济振兴起到重大作用。"一村一品"运动逐渐影响并传播到亚洲、非洲、拉丁美洲等发展中国家(Mukai 等,2015),比较成功的如泰国的"一村一品计划"(One Tambon One Product,OTOP)(Kurokawa,2009)、中国的专业村(Specialized Village,SV)(Qiao 等,2016)等。

我国"专业村"这一概念受到日本"一村一品"的影响较大。"一村一品"具有丰富的内涵,并不是字面意思所理解的一个村庄生产一种独具特色的产品。这里的"一村"并不完全是一个数量概念,而是一个区域概念,是以"村"级行政单位为基础,在一定地域范围内,充分发挥本地优势,通过专业化与规模化,使一个村或者几个村拥有特色明显的主导产业,并进一步带动本区域的整体竞争力(辛文,2009)。"一品"指的是从本地实际出发,根据区位优势、资源优势、传统优势等确定主导产业,但是可以不拘泥于"一品",如果具备良好的发展条件,也可以是"几品",它强调的是一个村庄或地区至少有一种独具特色的主导产业(危朝安,2007)。

④一区一品(One Tambon One Product,OTOP)。"一区一品"是泰

国在学习日本的"一村一品"经验基础上,由政府牵头自上而下开展的专业化发展运动。泰国政府设立了专门的"一区一品"委员会,给全国的村庄拨付专项资金,支持其发展专业化生产项目,尤其是开发出口产品项目,并有计划地组织到泰国旅游的外国游客到实施专业化项目的村庄观光旅游,宣传和推动这些特色产品。不仅如此,在"一区一品"的发展过程中,泰国政府还制定了质量改进制度,按照一套"星级认证体系"对"一区一品"的村庄进行评选,被评选出来村庄的产品可以注册成为"OTOP产品",并享受到政府政策的优惠和支持。另外,针对农村人力资源短缺的问题,政府通过鼓励刚毕业的大学生参与"一区一品"、国家科研机构承担指导任务等方式,通过外来智力的引进,改善农村发展中的高层次人力资源和技术缺乏的情况(卢向虎等,2007)。泰国的"一区一品"运动是继日本"一村一品"之后成效较为显著的专业化发展运动,尤其是其政府推动的一些举措,值得我国在发展专业村项目中学习和借鉴。

(2)专业村概念界定综述

我国有文献记载的农村专业化生产为民国时期,当时广西出现以手工业制造类等行业为依托的专业化生产的特色村落(宁金,2006),但由于我国改革开放前农村经济普遍以温饱经济为主,农村地区多以粮食生产为主,具有特殊的专业化生产的村庄较为少见,更没有专业村的概念。作为发展中的农业大国,虽然专业村起步较晚,但发展迅速,而且出现了其他国家未曾出现的新的发展趋势,为学术界的研究提供了肥沃的土壤和理论试验场。专业村这一概念是我国学者在吸收国外相关实践经验的基础上,结合我国实际提出的具有中国特色的概念。

改革开放以后,我国实践中逐渐出现了专业村这样的村域经济形式,理论界也开始关注专业村这一独特的农村经济发展模式。孙洪志等(1982)最早提出这一概念,在对辽宁海城县调研的基础上,提出专业村是以一业为主,其他为辅,专业户占30%以上的村庄。这里的专业户是指专业收入占比达到50%以上的家庭。陈学基等(1984)基于这两点对专业村进行了更量化的界定,将专业村的标准定义为"专业户和专业生产收入占全村50%以上"。齐双虎(2007)对专业村的判定也是基于以上两点,不过他并没有明确具体的比例,只笼统认为"专业生产人口比例及收入都应占据多数"。

以上学者对于专业村的界定都是从专业户数量和收入两个方面进行界定,且空间单元为单一村庄。陈建胜(2007)进一步将这一概念进行了空间上的拓展,将孙洪志提出的专业村以"一村"作为研究对象拓展到"相邻村落",体现了实践中专业村空间扩散的特征。黄映晖等(2008)则进一步将专业村"相邻村落"这一空间认定拓展到"区域",比如一乡、一县或更大的范围。

上述概念对专业村的界定虽然对其主要特征进行了阐述,但在实践中对专业村的判定尚不够明确。《农业部关于加快发展农村一村一品的指导意见》(农经发〔2007〕2号),对专业村制定了更加量化的标准:主导产业收入占全村总收入50%以上;从事主导产业经营的农户占全村农户数60%以上;从事主导产业收入占农户家庭经营收入70%以上。我国农业部这一量化标准与学术界的概念内涵上是相通的,又因其更具有可操作性,成为专业村统计上的参照标准。

以上对于专业村的定义多是将专业户数量、主导产业收入作为判定专业村的标准,对于专业村这一经济体的内部组织和功能结构等更为本质的内涵尚未涉及。李小建进一步对专业村的组织形式进行了讨论,认为专业村的经营主体不仅包括专业户,还应包括参与本村主导产业的专业合作社,带动主导产业发展的龙头企业等。乔家君等则进一步从专业村的结构功能、形成机理的角度,将专业村定义为"基于规模经济和分工经济而形成的、内部联系紧密的、以模仿创新为起点的基本单元,村子内部大部分村民从事某种相同、相似或关联性较强的经济活动,其实质上是微尺度上的产业集群"。这一概念主要从产业视角,将专业村的形成机理(规模经济和分工经济)和其本质(微尺度上的产业集群)进行了定义,进一步推动了对专业村内涵的认识。

(3) 本书对专业村的界定

专业村的概念，并不是一成不变的，而是随着时代的发展，根据实践中的实际情况不断演进的动态概念。在上述对专业村概念的界定中可以发现：①从研究主体来说，专业村的研究对象从"一村"扩展到"邻近村落"，并进一步拓展到"区域"，这体现了实践中专业村从孤立发展到逐渐扩散的演化路径；②从研究层次来说，专业村的研究逐渐由表及里，从关注专业户数量、收入等表层的现象，过渡到研究其内部组织结构和功能结构，一方面体现了学者们对专业村研究的逐渐深入，另一方面也折射出专业村在发展过程中逐渐地从自主、随意的小农发展模式向规模发展的集聚模式演变。

现阶段我国专业村的发展也出现了新的变化。上述概念中对专业村的界定多从专业户的数量及收入两方面出发，尽管具体比例有不同的标准，但大多认为专业村需同时具备专业户数量占较大比例，专业收入占农户家庭总收入较大比例这两个条件。但在实际调研中我们发现，农村经济逐渐由粗放式向集约式发展的过程中，规模化发展的趋势较为明显，尤其是农业型专业村，多出现以大户为主的发展模式，通过土地流转，全村甚至周边村庄的土地集中在少数专业大户的手中，其他农户通过土地租金、为大户打工、外出打工等方式经营。专业村的组织形式已经从家家户户、星星点点的发展模式向基于要素契约的"反租倒包"式的大户模式转变。在这一新型模式下，全村仍具有主导产业优势突出的专业村产业特征，但其组织形式发生了较大变化，不再是绝大多数农户从事主导产业，而是少数大户通过整合全村甚至周边村庄资源从事主导产业，而且通过"龙头企业＋合作社＋大户＋农户"的组织形式，将专业村的发展推向市场化，龙头企业的资金、技术、管理优势，合作社的政策优惠、地缘优势，大户的资源优势，农户的劳动力优势等有机结合，专业村发展规模更为集约，功能更为优化。

基于新时期专业村发展的独特性，对于专业村概念也需要重新认识。本书对专业村的界定如下：专业村是指以村为基础单元，基于分工和规模经济，具有优势突出的主导产业，并由大部分农户或者专业大户从事该产业的生产活动，且该主导产业的产出构成该村主要产值。

2.1.2 专业村集聚

（1）相关概念辨析

①产业集聚（Industry Agglomeration）。产业集聚是指同一产业在某地理空间内高度集中、产业要素在一定空间范围内汇聚的过程。19世纪末，马歇尔最早开始关注这一问题，并提出了"内部经济"和"外部经济"的概念，用来解释产业集聚的成因。随后，诸多学者都对这一问题进行了研究，比较有代表性的如：韦伯的区位集聚论、熊彼特的创新产业集聚论、胡佛的集聚最佳规模论、波特的企业竞争优势理论等。

②产业集群（Industry Cluster）。产业集群是指在一定区域中，具有竞争与合作关系，且在地理上集中，有交互关联性的企业、专业化供应商、服务供应商、金融机构、相关产业的厂商及其他相关机构等组成的群体。对产业集群的关注可以追溯到19世纪，但明确提出这一概念则是在1990年，迈克尔·波特在《国家竞争优势》一书中对其进行了定义，认为"产业集群是指在某一特定的领域中，有交互关联性的企业、专业化供应商以及其他支撑机构在地理上的集聚"，后来的学者对这一问题的研究使其概念内涵不断丰富。Van Den Berg（2001）等认为产业集群是专业化组织的地方网络；Scott（2006）将产业集群定义为生产过程中相互关联的企业集群，并且根植于地方社区；Mc Cann（2006）认为产业集群是一产业与技术创新环境的结合；中国学者王缉慈（2005）认为产业集群把区域经济视为相互依赖的企业和机构的地理集聚，将地理集聚作为一种经济系统来研究。相对于集聚研究，集群研究还强调经济和社会网络以及外部性（安虎森等，2003）。

③产业地理集中（Geographical Concentration）。产业地理集中是指

某一特定产业的企业大量聚集于某一特定地区，形成了一个稳定、持续又不寻常的竞争优势集合体（高飞，2002）。产业地理集中实质上是企业区位选择的宏观表现（贺灿飞等，2006）。不同的理论流派也从不同角度对产业地理集中进行理论解释，如新古典理论从要素禀赋的区域差异视角进行解释，而新贸易理论则从规模经济和市场效应的角度出发研究产业地理集中，新经济地理更进一步地，不仅讨论了规模经济、市场效应，还强调需求联系效应、成本关联效应、累积循环机制等的作用。

④产业区（Industrial District）。产业区也称为专业化产业区或者地方化产业区。马歇尔在其《经济学原理》一书中提出了这一概念，但是当时并没有明确其概念内涵。随后相当长一段时间，这一概念被理论界所忽略，直到"第三意大利"概念的提出（Bagnasco，1977），学术界才逐渐重视这一问题。Becattini（1991）认为产业区是以产业集中为特点的地域性社会实体；巴格拉等（2000）将产业区定义为中小企业在特定区域内的企业网络；更具一般性的定义为"处于生产过程中不同环节的中小企业组成的地方生产系统"（Sforzi，1999；王缉慈，2009）。特定地理区域内的产业特定性要素（如资源禀赋、产业特定知识、技术工匠和劳动力、产业氛围等）是专业化产业区兴起的历史起点，而且这些产业特定性要素的低流动性特征导致这些要素一旦在特定范围内生成便很难扩散，从而经过漫长的内生演化与累积过程，形成要素的空间集聚状态，正是这些产业特定性要素在特定地理区域内的集聚引发了专业化产业区的兴起与演化（金祥荣等，2002）。

⑤相关概念的关系。以上四个概念既有区别又有联系：产业集聚和产业集群是从产业的视角出发，但二者也有差异。产业集聚强调的是过程，而产业集群则强调结果；产业集聚更多侧重于空间上的集中，而产业集群则更注重网络联系。产业地理集中和产业区是从区域的角度出发，更强调空间概念。产业地理集中和产业区的核心要素是产业集群，是拥有产业集群的特定社会经济空间（覃成林等，2007；陈金光，2008）。

(2) 专业村集聚概念界定综述

根据上述对专业村概念的认识,有学者指出专业村实质上是村域尺度上的产业集群(李小建等,2009),而专业村集聚则是在一定范围内,在地理上接近的专业村,由于其特色产品的共性或互补性,相对集中在一起,并形成一个有机群体,在空间上逐步实现规模经济、范围经济和外部经济(李亚静,2012)。但实质上,专业村集聚与产业集群虽然都有地理邻近和关联产业的含义,但二者还是存在着明显差异。产业集群的主要研究对象是企业(王缉慈,2004),而专业村集聚的研究对象则是村落与农户;产业集群的主体间显性的、正式的联系较多(贺灿飞等,2007),而专业村集聚的主体之间隐性的、非正式的联系更多;产业集群的形成中市场导向更为明显,而专业村集聚更多的则是基于政府主导的专业项目,政策导向性更强。由此可见,专业村集聚既有产业集群的共性特征,也有其独特性,自然村庄是其空间载体,专业户是其经济空间主体,专业村之间、农户之间的要素流动是形成其集聚的内生动力。

(3) 本书对专业村集聚的界定

从现有研究成果对专业村集聚内涵的认识可以看出,专业村集聚需具备以下标准:一是空间上的地理集聚。即构成专业村集聚的专业村首先是地理邻近的村落。二是功能上的有机整合。这些村落并不是单纯的空间近邻的关系,其内部在专业化和分工的基础上形成了功能上的有机整合,各专业村之间能流、物流、人流等要素流动频繁,形成一个有序的系统。三是时间尺度上的动态演化。专业村集聚并不是静态的,而是动态发展的,不仅其空间范围随时间发生变动,而且其内部的功能和联系也不断发生着变化。据此,对专业村集聚作出如下定义:专业村集聚是空间上地理邻近的专业村,基于分工和专业化形成的功能上有机整合的动态系统。根据这一定义,对专业村集聚的量化测度主要从空间集聚与功能集聚这两方面,探究专业村集聚是如何在空间和功能上演化的。

2.2 文献综述

2.2.1 专业村研究缘起及早期研究

对专业村（Specialized Villages，SV）的研究起源于欧美等西方发达资本主义国家。欧美国家农村的贫困问题出现较早，针对农村地区的扶贫开发多以英国"原工业化"（Proto industrialization）和美国公司镇（Company town）的发展模式为主（Jones，1968；John，1984），这二者与国内"专业村"性质类似。但是上述两种模式是基于工业革命的特殊历史机遇和欧美国家独特的生产力基础和生产关系，对其他国家的推广作用不明显。

始于日本大分县的"一村一品"（One Village One Product，OVOP）成为现有专业村研究的雏形。最早提出 OVOP 的概念是为了防止农村人口的减少，鼓励大分县的乡村各选择一个独特产品，并把它发展到一个国家和全球认可标准（Igusa，2006），其实质就是农业产业化、规模化、专业化经营。随后，这一概念被迅速推广到邻近的亚洲国家和其他发展中国家地区，包括非洲和拉丁美洲的国家。比较成功的如泰国的一区一品（One Tambon One Product，OTOP）计划（Kurokawa，2009；Mukai，2015），它以日本的 OVOP 模式为样板，结合本国国情，采取自上而下，政府力推发展起来的模式，效果很好，但本地的潜力还需进一步挖掘。

改革开放初期，我国开始出现了专业村的雏形，对改变农村经济边缘化现状（Kay，2011）、改善城乡发展不平衡（Rozelle 等，1995）、推进农业发展多样化（Brandth 等，2011）和提高人民生活水平（路易，

1981）起到了促进作用。对比国际上其他国家专业村的发展，我国专业村虽然起步不早，但是发展迅速，而且出现了其他国家未曾出现的新的发展趋势，为学术界的研究提供了肥沃的土壤和理论试验场。

对新兴事物研究的基础是其概念的科学界定。国内学者对专业村的概念进行界定，虽然略有差异，但更多的是表述了专业村的共性特征，如"一业为主，其他为辅"、专业户所占比例、主导产业收入所占比例等作为判断专业村的标准（孙洪志，1982；陈学基等，1984；齐双虎，2007；李小建，2009；乔家君等，2013）。概念界定的差异主要是由于，一方面学者们关注的现实问题以及自身的学科角度不同，另一方面是随着时间的变化，专业村作为一种农村发展模式本身也在发生着变化。

在对专业村概念界定的基础上，学者们进一步探讨了专业村的形成因素与机制。虽然不同区域或者不同类型的专业村形成条件和机制存在一定的差异，但是归纳起来其形成的主导因素有以下方面：（1）地理环境要素。地理环境要素中主要是地理区位和自然资源对专业村的形成和发展类型起到基础作用（李小建等，2008；高更和等，2011；周灿等，2015，曹智，2020）。例如，气候、土壤、水质、水利条件等是影响种植业型专业村的主要自然因素（吴娜琳等，2013）；而矿产资源和交通区位要素则为工业型专业村提供了便利的生产条件（张柳青，2014）；得天独厚的自然景观资源和便利的区位条件是发展旅游专业村的关键要素（杨家伟，2014）。（2）能人作用。地理环境为专业村发展提供了基础的保障，但并不是具备相同地理环境的村庄都能自发形成专业村，相反，即使相邻的村庄，具备几乎完全一样的地理环境，有的村庄却发展成了专业村，而有的却没有，其区别就在于不同村庄内生发展存在差异。尤其是具有创新精神和冒险精神的能人，是能否发展专业村的关键（李小建等，2008；高更和等，2011；林炳全等，2017）。能人对某一产业的创新性行为带来的经济效益对本村其他农户起到了示范效应，能够迅速带动本村多数农户共同从事某一产业，进而形成专业村。（3）传统优势。传统优势可能是基于某些区域或村庄自身的资源优势、历史上独特的习俗或者历史的偶然因素，在相当长一段时间内已经形成了独具特色的产业，而这种产业遇到适合其发展的时代背景就会成长为专业村（白丹丹等，2015）。此类传统优势既有资源型的，也有传统文化、习俗、技艺等形成的，具有传承性。(4)政府因素。专业村的发展中，离不开外部力量的作用，而政府尤其是地方政府对专业村的推动作用往往是非常大的，政府在专业项目选择、技术支持、金融扶持和其他政策方面都能直接对专业村的形成和发展起到重要作用（吴娜林等，2017）。以上主导因素在模仿创新、分工与专业化、规模经济、网络联系等作用机制下，共同推动专业村的形成、扩散与发展（刘玉振等，2013；吴娜琳等，2014；白丹丹等，2015）。

早期对专业村的研究主要集中在概念界定与形成因素分析上，其研究视角是将专业村看作一个面的微观视角。但随着专业村的外溢效应，其发展规模不仅局限于村内的扩散与演化，而且逐渐趋向于村际之间的扩散。那么专业村之间的村际联系是如何展开的？其演化趋势如何？相对于单体专业村的发展，这些专业村集聚（区）有何竞争优势？这些问题的研究视角是将专业村作为一个点来看，将其视为集聚面（网）上的一个节点，这些问题的深入思考将有助于专业村的发展走得更好更远。

2.2.2 专业村集聚的空间格局研究

我国专业村不断地"由点到面"，沿着"专业户—专业村—专业村集聚"的路径发展。专业村集聚的现象也引起了学术界的关注，已经开始有部分学者关注这一独特现象。

乔家君等（2014）通过实地调研，发现河南省专业村总体上呈现出空间集聚现象，主要集聚于豫中北部，表现出"大范围分散、小范围聚集"的空间特征，且集聚程度日益提高。进一步从不同空间尺度研究专业村集聚的空间格局，发现其存在着尺度效应（乔家君等，

2014)。从村际尺度进行专业村集聚的空间测度,发现河南省专业村除了数量增多的实际情况外,地理空间上亦表现出集聚的发展态势;从县域尺度来看,发现专业村数量较多的县在地理空间上相邻接,具有集聚倾向;但在区域尺度上,却出现了比较独特的特征,即集聚程度高的区域并不是经济发达区域,而是发展水平中等的区域,这种空间格局值得深思。

对专业村集聚空间格局上的探讨多数为静态的空间格局,仅有少数成果对其动态的空间格局演化进行了讨论,如 Qiao 等(2016)通过整合区域空间结构理论、多层级网络理论以及空间界面理论,检视河南省专业村的时空演化。分析结果显示,专业村随着时间以四阶段进行发展,每个阶段皆与国家农业政策的重大调整相呼应。专业村在空间中分布不均,且其分布似乎取决于尺度:在宏观层级中,专业村在广大的范围中展现出分散的模式;在微观层级中,专业村却展现出在地化的集群,并显现出"中心—外围"的结构;中国的专业村发展表现为多重层级的网络结构。邵留长(2016)对其研究案例区 2008—2014 年专业村集聚的空间格局动态演化进行了刻画,发现呈现出明显的集聚态势,且集聚程度表现为先增后减的趋势,即集聚的速度表现出阶段性的特征。

当然,仅探讨专业村集聚的空间格局,而不考虑造成这种空间格局背后的因素及机理还远远不够。目前对因素和机理的研究尚不多见,少数的研究成果也多停留在定性地讨论专业村集聚的影响因素,如李亚静(2012)认为专业村集聚受到技术扩散、网络体系、规模经济、政府行为等因素的影响;邵留长(2016)将影响专业村集聚的因素分为静态因素(如资源禀赋、地理区位、规模经济、创新氛围等)和动态因素(市场行情和政府作用)。目前对于专业村集聚的形成和演化机理尚鲜有研究。

2.2.3 不同产业类型专业村集聚演化研究

从产业类型上来看,已有研究分别从农业型、制造业型、乡村旅游型、服务业等视角分析专业村发展的时空演化及集聚趋势（卢松等，2005；乔家君等，2014；吴娜琳等，2014；白丹丹等，2015）。还有一些学者在农业、工业、商业及服务业的基础上，进一步对某种更为细化的专业村类型进行研究，如对农业型专业村中细分的种植业专业村的研究（乔家君，2009；李二玲等，2012；吴娜琳等，2013；张超等，2015；朱文哲等，2015；朱乾坤等，2022）、对商业及服务业型专业村中细分的淘宝村（曾亿武等，2015；张嘉欣等，2016；朱邦耀等，2016）、农家乐（琚胜利等，2016）等的研究。

农业型专业村的研究发现种植业型专业村集聚态势较为明显。李二玲等（2012）发现中国种植业区域专业化生产格局已逐步出现，省域层次上种植业具有一定的地理集聚态势，且种植业划分越细，空间集聚和专业化生产趋势越明显。从大类看，种植业生产分布相对分散，各省在大类上"大而全"地生产，但在较小类上更加集聚和专业化。在实践中，传统农区农业专业化生产和集聚的形成能够提高区域产业的竞争力，推动农村工业化和城镇化进程，促进县域经济的发展（李二玲等，2006）。随着农业专业村的蓬勃发展和规模的不断扩大，学者们对农业专业村的研究也趋于丰富和精细化，分别从生产区位（朱文哲等，2015）、地域模式（曾尊固等，2002）、时空扩散（吴娜琳等，2013）、时空演化（乔家君等，2014）、技术扩散（崔之珍，2021）、市场条件（杨忍，2021）等方面对农业型专业村进行了剖析。上述研究多从空间角度分析农业型专业村的演化过程，发现农业型专业村相对比较稳定，且因其受到自然资源的制约较大，在相似的土地类型、土壤条件、气候条件等近邻区域内，容易形成集聚区。

工业型专业村集聚在长三角和珠三角区域，其中，又以江浙地区为主。这与长三角和珠三角地区较好的经济基础和良好的工业传统有关，这些专业村以轻工业（如服装鞋帽、玩具、家具、小家电等）和农副产品加工为主，由于这些工业产品多为劳动密集型产品，对技术要求不高，极易模仿，一旦某一村庄出现一个或者几个能人从事此类产品生产，就极易带动其他村民从事同类产品的生产（陈建胜，2007）。同样地，对村庄外部的技术外溢和扩散也较为容易，再加上地方政府的支持，就会形成专业化生产的集聚模式，形成规模更大的专业镇（吴国林，2001）。例如，广东省政府就在国家"一村一品"的政策指导下，结合区域经济特色，提出了"一镇一品"的议案，并取得了较好的社会和经济效应（普军等，2004；余国扬，2014）。

服务业及商业型专业村是在新的时代背景下涌现出的一种新型专业村，对其研究相对较少，现有的研究主要集中在旅游专业村（邹统钎，2005）、文化创意专业村（李学鑫等，2010；白丹丹等，2015）、淘宝村（曾亿武等，2014；张嘉欣等，2016）等专业性较强的类型。旅游专业村和文化创意专业村受到自然资源和文化资源的影响，集聚规模和效应还不是特别明显。相比较而言，淘宝村的集聚态势较为明显，从我国范围内看，淘宝村整体上呈现出组团发展的集聚态势，集聚区主要分布在东南沿海的江苏、浙江、广东、福建等省，包括苏南聚集区、浙中聚集区、闽东南聚集区以及珠三角聚集区，但区际差异较大，其他地区淘宝村数量不多，且空间上也较为分散（朱邦耀等，2016）。淘宝村集聚具有"点-轴-网"演变的发展态势，在空间结构上具有明显的交通指向性和沿海指向性（辛向阳等，2018）。

但随着专业村的发展，专业村集聚不仅呈现出抱团集聚的横向集聚模式，而且出现了一、二、三产业融合的纵向集聚模式（芦千文，2016）。比较典型的是农业型专业村产业链条的延伸（石大立等，2014）。我国种植业型专业村镇数量最多，主导产品以蔬菜、瓜果、苗木花卉为主，同质化现象比较严重，品牌优势不明显，无法有效参与到国内外市场竞争中。早期由于专业村及专业村集聚带来的规模效应，农民收入增长较为明显，但随着上述问题的出现，限制了专业村集聚优势的继续发挥。于是，农民便自发地寻求突破，在能人带动和政府政策支持的基础上，开始了农业工业化，甚至走向农、工、商、服务一体化的发展模式。

2.2.4 分工、专业化与专业村集聚机理研究

对分工与专业化的研究多从宏观（国际或区域分工）（Charles，2016）和微观层面（企业内部）（Meliciani，2015）展开，而专业村集聚是一个既包括了微观经济主体又包括了宏观区域概念，同时又侧重于区域中产业发展的中观尺度概念，具有多尺度特征。

目前专业村的相关研究以微观研究居多，以农户为基本单元，研究其行为模式对专业村发展的影响。但专业村的发展并不是一个孤立的村落发展，而是处在特定的社会分工之中，与当地的自然、经济、社会、文化等环境密不可分，所以，对专业村的深入研究需要加入中观和宏观视角。尤其是在经济全球化和一体化共同发展的时代背景下，单个专业村的竞争力是有限的，因此必须将专业村嵌入区域经济甚至是全球经济之中，参与专业化分工，才能在经济发展的浪潮中永葆活力（乔家君等，2013）。

集聚是促进经济增长的重要形式（Mills等，1992），是知识溢出环境、人力资本聚集、气候环境、商贸环境、交通环境等诸多区位因子（王铮等，2005）以及地方学习环境、资本投入等特定地方环境（张丽君等，2011）综合作用的过程，其本质是路径依赖和锁定效应、规模经济、收益递增、不完全竞争、外部经济的发展结果（孟庆民等，2001；朱华友，2005）。以上对于区域或者产业集聚因素及机理的研究同样也适用于专业村集聚。但是，与产业集聚不同的是，专业村集聚的行为主体是农户，而农户由于其浓厚的乡土情结（阮学金等，1999），相对来说思想较为保守，生产要素的空间流动不像产业集聚中那么流畅，这在一定程度上阻碍了专业村集聚的进程。但是在分工与专业化的推动下，村际联系是促进区域经济发展的关键因素（赵德华，2009），专业村集聚成为专业村发展的必然趋势。已有学者开始关注到这一问题，邵留长、乔家君等（2016）从分工与专业化视角将专业村集聚分为横向一

体化的专业村集聚（相同或相似产业的专业村镇集聚）和纵向一体化的专业村集聚（产业链条的上、中、下游的不同产业类型专业村镇的集聚），并认为虽然纵向一体化专业村集聚尚不多见，但这种类型的专业村集聚生命力更强，值得在理论上进行探讨和在实践中进行推广。

分工与专业化可以促进专业村集聚的发展，专业村集聚反过来又导致分工与专业化的深化。专业村集聚可通过正反馈机制逐渐实现市场规模扩张，进一步推动专业村集聚规模。由于专业村发展植根于广大的农村地域，带有浓厚的农业气息，因此特色农业专业村集聚生命力往往比工业型专业村更高，对其研究相对来说更为广泛。农业产业集聚最初依赖本地的特定农业资源禀赋的比较优势，但这种优势要想获得具有持续性的竞争优势，则需要依托特色产业前向、后向关联及由此产生的集聚效应（王栋，2009）。

乔家君、李亚静等（2014）基于空间界面理论在对专业村集聚机理的分析中发现，在专业村集聚的形成中，专业村各行为主体的网络联系可进一步形成集聚团块，并按照产前、产中和产后相关联的主体区域化布局、产业化经营、专业化生产，发挥比较优势，在地域和空间上形成高度集聚的集合体。以地理邻近性和产业关联性为特征的专业村集聚能改变和弥补专业村个体的诸多弱点，实现产业区域优化布局、网络化生产，大大提高专业村的竞争优势和比较效益。

2.3 研究评述与启发

综上所述，虽然国内外学者围绕专业村及专业村集聚进行了相关的研究，总体来说，在以下方面还有较大的研究空间：

（1）对单体专业村研究偏多，而专业村集聚研究薄弱。由于专业村出现之初，即是以单体模式出现，集聚态势不明显，学者们的研究也多以单体专业村为研究对象，将其视为一个面，以农户为基本研究单元，研究其概念界定、类型、形成动因及影响因素等。但随着专业村外溢效应，单体专业村除了内部联系的增多，村际之间的外部联系也不断加强，甚至出现了专业村集聚现象。因此，将专业村放在一个更大尺度的空间中进行研究，将其视为专业村集聚区域中的一个点，有利于从一个广域的研究视角更深入地透视专业村内外环境的作用机理，为专业村的后续发展提供科学指导。

（2）多以某一专业村或者某一类型专业村展开案例研究，对一般性发展规律与机理的研究较少。对专业村的发展演化，许多学者以某一个具体的专业村为例探讨其时空演化轨迹，这样的个案研究对于厘清该（类）专业村的发展脉络很有意义，但是对于专业村的理论发展来说，需要进一步总结更为普适性的发展规律，为专业村研究搭建理论平台。

（3）专业村集聚的研究中侧重于空间格局刻画，缺乏对集聚演化机理的研究。专业村集聚的显性特征首先表现为空间上的集聚，但是空间集聚只是其功能集聚的表现形式，可见仅停留在空间层面的研究还尚未触及专业村集聚演化的内核。因此需要在空间格局研究的基础上，更深入地剖析专业村集聚中不同层面的各种主体和要素之间的相互作用关系，对专业村集聚系统演化的内在结构、功能、机理进行抽丝剥茧式的探索将是未来研究的重点问题之一。

（4）对专业村集聚机理的研究以单因素分析为主，缺乏系统性的多因素交互作用的机理研究。在对专业村集聚机理为数不多的研究成果中，主要是对其集聚形成的单因素分析，即分别对某一因素在专业村集聚形成及发展过程中的作用进行分析，但专业村集聚演化是一个复杂的动态过程，各要素并不是独立的线性关系，而是存在着相互作用的非线性关系，因此需要将专业村集聚问题转化为一个系统问题，讨论系统内部各要素之间相互交叉过程中对专业村集聚演化的作用。

村域经济、专业村、专业村集聚存在着内涵上的逻辑递进关系，对其系统剖析有利于多角度、立体式理解农区发展。尤其是目前理论界对专业村集聚的研究尚处于起步阶段，相对于实践中专业村集聚的普遍存在这一实际情况，理论研究要远远落后于实践，因此，加快对专业村集聚的研究已经迫在眉睫。在对专业村集聚空间格局研究的基础上，如何更深入系统地剖析集聚演化的内在逻辑及机理，是本书研究的重点问题。

3

理论基础与分析框架构建

3.1 理论基础

理论基础是对所研究问题在理论上的支撑和证据，是构建本书分析框架的基石。本书所讨论的问题是"专业村集聚是如何演化的，演化过程中受到哪些因素和驱动力的作用"，这是一个复杂系统的演化问题。因此，对这一问题的讨论主要基于演化经济学、演化经济地理学、集聚理论、分工与专业化理论、复杂系统和自组织理论以及界面理论等。

3.1.1 集聚的尺度分异及集聚机理的阶段分异

（1）演化视角下的集聚

马歇尔指出，"经济学的麦加在于经济生物学，而不是经济力学"。以生物学的演化思想来看待社会经济系统，是演化经济学的分析范式，演化经济学强调以动态的非均衡的视角研究经济系统，重视个体与群体之间以及技术、组织与制度之间的协同演化（苗长虹等，2011）。演化经济地理学借鉴演化经济学的研究思路，在演化经济学的基础上，更加注重研究对象的空间特质，以演化的视角分析经济活动的发展规律和空间分布规律（安虎森等，2014）。如果说新经济地理构架了经济学和地理学的第一座桥梁，那么演化经济地理则是经济学和地理学之间的第二座桥梁（颜银根等，2013）。

演化经济地理学的研究内容较为丰富，总结起来，可以将其研究内容归纳为三层四类（Boschma 等，2006）。三层指的是研究尺度包括三个层面：宏观层面、中观层面和微观层面；四类指的是研究对象包括四大类：区域、网络、产业和企业。不同研究尺度与研究对象之间的关系如图 3-1 所示。微观层面的研究对象是经济活动的最小单元——企业，企业的经济活动有其一套规则，这一规则可以称为"惯例"；众多企业依赖其自身和市场经济的"惯例"相互作用，进而形成更高层级的中观尺度的产业，在产业层面，企业成为产业中的节点，不同的企业会有水平和垂直的产业联系，这种纵横交错的联系形成产业网络，网络中节点对网络的作用和贡献度都不一样，因此网络中也存在着等级的区别，产业中的企业存在不均衡发展；不同的产业构成了区域（城市、地区或者国家）的发展，产业间的不均衡发展会致使某个区域成为某一产业的专业化生产区域，进而导致不同区域之间的不平衡发展。需要说明的是，每一层面内部（企业、产业、区域）存在着紧密的联系，而不同层级之间也是相互关联的，微观层级企业的发展演化是中观和宏观层面有序发展的基础，而中观和宏观层面也会反过来影响微观企业的发展。在这一交互作用的演化过程中，"惯例（Routines）""新奇（Novelty）""选择机制（Selection Mechanism）"是演化经济地理学研究内容的关键词（贺灿飞等，2016）。惯例是微观企业的"组织基因"，具有可遗传性，是企业决策的法则；新奇是演化的根本动力，是经济主体受到外界环境刺激下对惯例的突破；选择机制类似于达尔文的"优胜劣汰"，只有在市场竞争中获得更多资源的经济主体才能在激烈的竞争中存活下来。

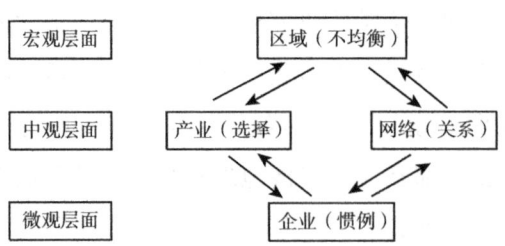

图 3-1 演化经济地理学的研究尺度与内容分类

演化经济地理学研究经济活动在时间和空间两个维度上的演化，强调历史过程（时间维度）对经济活动空间不均衡（空间维度）的作用

(Boschma等，2006)。对于经济活动空间的不均衡发展，从时间尺度来看，强调历史的重要性，将新奇现象作为经济发展的动力，从空间尺度来看，强调地理是创新的重要维度，重点探讨创新的空间差异（刘志高等，2008)。通过对其研究尺度和研究内容的分析，发现在不同时间和空间维度各个层面的经济活动主体，不均衡发展都是其研究的重点。演化经济地理学对空间不均衡发展的研究实质上就是对集聚的研究，其主要观点包括以下几方面：

①集聚与扩散。企业、产业与区域不平衡发展的动态变化不外乎是通过集聚与扩散两种方式的变动来实现的。用来解释集聚与扩散的演化经济地理学理论包括：生命周期理论（Kleeper，1996）、区位选择战略（Arthur，1994）、区位机会窗口（WLO）方法（Boshcma等，1999）、衍生模型（Klepper，2001；Boschma等，2007）等。生命周期理论解释了不同阶段经济活动在空间上的聚集和分散过程；区位选择战略则强调路径依赖；区位机会窗口主要解释以创新为基础的新产业为什么会锁定在特定区域，该理论认为集聚区由于其多样化的劳动力资源、技术以及完备的设施、制度环境，比较容易吸引新产业的进入；衍生模型解释了企业的惯常组织程序以及信息复制原理。

②路径依赖与锁定。演化经济学中对路径依赖和锁定效应的研究很多，其主要是解释区域层面的不均衡发展，为什么有些区域发展会沿着正反馈的路径发展越来越好，而有的区域却停滞不前，陷入消极的"锁定"（刘志高等，2007)。演化经济地理学和新经济地理学都利用路径依赖解读经济发展的不平衡，但二者的侧重点却有所不同。新经济地理学强调历史的偶然性，由历史偶然性催生产业的发展，进而形成规模效应，并通过累积循环机制形成路径依赖；而演化经济地理学则强调关联性在路径依赖中的作用，将产业与区域的发展看作一个内生的自我强化过程，认为经济活动主体在选择合作伙伴时，更倾向于寻找与自己相似的主体，如具有相似的区位、相似的知识、相似的社会联系、相似的制度环境等，而这一认识也就意味着邻近性（区位邻近、知识邻近、

社会关系邻近、制度邻近等）的重要性，邻近性产生网络效应，使产业和区域发展会沿着既定的路径发展。相对于新经济地理学，演化经济地理学在不否定历史偶然性的作用下，将路径依赖和锁定效应的演化视角进一步进行了更加全面的阐释，将网络、制度、关联性纳入其分析框架中。在这个基础上，演化经济地理学提出了相关专业化、不相关专业化、相关多样化、不相关多样化以及精明专业化的概念。

③集聚外部性。Henderson（1994）将集聚外部性分为产业内外部性（也称为 MAR 外部性）和产业间外部性（Jacobs 外部性）。产业内外部性为同行业不同企业间相互联结所产生的外部性，由于是某一产业集聚在某区域所产生的外部性，因此也称为本地经济学；产业间外部性是不同产业的企业在特定区域集聚，达到资源共享、生产流通、信息共享的外部性。演化经济学主要通过以下方面对集聚外部性的内涵进行解释（李福柱，2011）：地理邻近性有利于知识的学习，建立"学习场"（Boschma，2005）；集聚外部性的类型（MAR 外部性或 Jacobs 外部性）在生命周期的不同阶段会有所侧重（Neffke，2011）；劳动力流动有利于知识溢出，知识溢出是集聚外部性的重要表现之一（Giuliani，2007）。

（2）集聚理论的尺度分异

工业区位经济学家韦伯最早在其《工业区位论》一书中提出了集聚经济的概念，把区位因素分为区域因素和集聚因素，探讨了产业集聚的因素，量化了集聚形成的规则。随后，越来越多的学者和不同的理论流派开始关注这一经济不平衡问题。其中，新经济地理学对集聚经济的研究成果卓著，其研究主要包括两个方面（朱华友，2005）：一是经济活动的空间集聚，二是区域经济集聚的动力机制。新经济地理学运用经济学研究方法，对经济地理学的经典模型进行重建，如核心—边缘模型、中心地理论等。

经济活动的集聚现象体现了空间不均衡，而这种不均衡发展体现在不同的空间尺度上。既有宏观层面的区域空间不均衡发展，也有中观层面的产业集聚，以及微观层面的企业不均衡发展。

①宏观尺度的区域不平衡研究。区域经济发展的不平衡体现在国家与国家之间、区域与区域之间、城市与城市之间、城市与乡村之间，只要存在非均质的地理空间，就会形成经济发展的"隆起地带"和"凹陷地带"。而对区域不平衡发展的研究也由来已久，从古典经济学亚当·斯密的绝对优势理论、大卫·李嘉图的比较优势理论、赫克歇尔－俄林的要素禀赋理论，到克鲁格曼的新贸易理论，都是在研究不同国家与地区之间发展的不平衡性（Krugman，1979）。尤其是克鲁格曼，在假设两国其他要素都一样，仅人口规模不同，就能导致人口规模大的国家更能实现规模生产，进而产品价格更优，工资水平更高，并进一步导致人口的集聚，这就是其"中心—外围"模型的雏形。而这一思路不仅可以解释国家之间发展的不平衡，也可以用于阐明城市的形成（李金滟等，2008）。1991年克鲁格曼将这一思想完整系统地表达出来，从区域非均衡层面提出了"中心—外围"模型，其代表作《报酬递增和经济地理》（Krugman，1991），也被公认为新经济地理学的奠基和标志性成果。进一步研究，城市的形成就意味着越来越多的资源向城市集聚，而城乡之间发展的不平衡越来越明显（陆铭等，2004）。

②中观尺度的产业集聚研究。产业是介于微观经济主体（企业）和宏观经济单位（国民经济）之间的一个概念。产业是由众多具有同一属性的企业组成的，但并不是它们的简单叠加，而是通过其协同作用而组成的系统的有机整体。经济的发展必然带来分工和专业化，传统的企业内部一体化发展的模式逐渐被水平分离和垂直分离的方式取代，企业从追求内部规模经济和范围经济到外部规模经济和范围经济，而这一目标的转换导致企业在空间迁移过程中倾向于集聚发展，逐渐形成产业集聚，企业对利益的追求过程在区域尺度上则表现为产业空间布局的形成过程。新古典学派的代表人物马歇尔在研究工业区位时认为，引起工业集中分布在某些地方的主要原因是"自然条件，例如气候、土壤、矿产资源以及水陆交通的便利"。以韦伯为代表的传统

工业区位论也认为，要素禀赋的丰裕度是产业集聚形成的关键因素。这些理论认为，产业空间布局有天然秩序，现实中产业集聚于何处是必然的，产业布局的空间选择是产业空间经济问题的"唯一解"（何雄浪等，2007）。也就是说，产业集聚形成具有必然性，历史的偶然因素难以打破这种必然性。新经济地理学的代表人物克鲁格曼（Krugman，1991）则认为，有些区域具有相似的自然禀赋，但是有的成为产业发展的"中心"，而有的则成为"外围"，可见产业集聚的空间布局并不是必然的，而是具有历史偶然性的。先天的资源禀赋优势，再加上偶然性因素的触发，某个区域一旦产生有利于产业发展的优势，就会通过前向联系和后向联系产生累积效应，形成区域专业化的格局，成为产业集聚中心（见图3-2）。

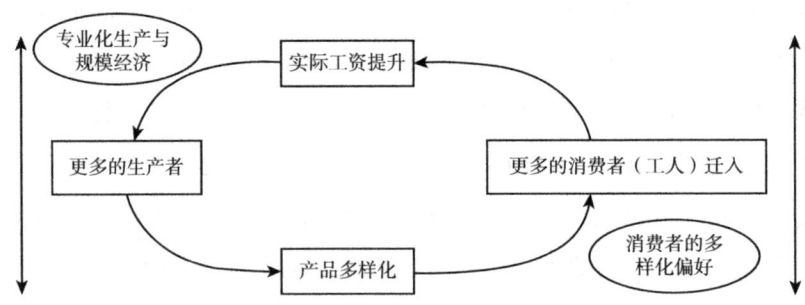

图3-2　产业集聚形成的循环累积过程

既然产业集聚是一个空间问题，那么对其讨论就不能脱离空间成本的问题。集聚效应的程度受到空间成本的制约和影响。先来讨论两种极端情况：一种是空间成本为零的情况。在这种情况下，如果两个区域自然资源禀赋相同或者相似，那么两地区的产业布局应是完全随机和均衡的，不存在不平衡发展的可能，也就不可能形成产业集聚。如若两地区自然资源禀赋不相同，由于空间成本为零，那么凡是能够移动的要素都可以在两地区随意流动，也就是说，可移动要素在这两个地区是均衡的，而产业布局只能由不可移动要素决定，但是在现实世界中，真正不能移动的生产要素几乎是不存在的，既然绝大多数要素都可以在两地区无成本地交流,那么存在产业集聚的可能性也就非常小。因此,在空间成本为零的情况下,不管两个地区先天的自然资源禀赋情况如何,要实现产业集聚几乎是不可能的。另一种极端情况是空间成本无限大的情况,也就是两个不同地区之间不可能进行要素的交流。这种情况将一个区域看作一个封闭的死系统,那么即使一个地区拥有具有优势的资源禀赋,由于不能与其他地区进行要素的交流,其资源优势就无法体现出来,不能吸引劳动力进入该区域,其规模效应就难以发挥,集聚区也无法形成。从以上两种极端情况来看,完全没有空间成本和空间成本太大都不利于产业集聚的形成,而适度的空间成本则能够产生较高水平的产业集聚(见图3-3)。

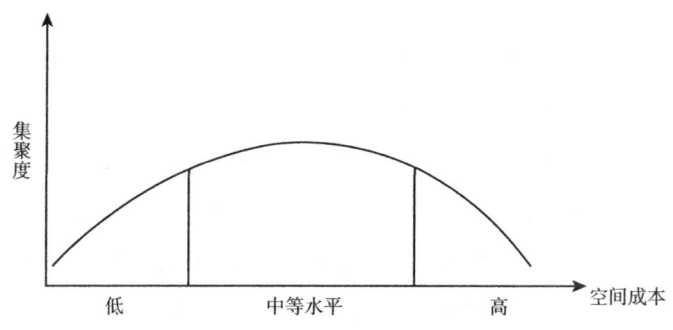

图 3-3 产业集聚形成的空间成本

③微观尺度的企业区位研究。企业的区位选择其实是企业空间博弈的一个过程,美国经济学家霍特林(Hotelling,1929)对这一过程进行了详尽的描述,被称为霍特林过程。他认为现实世界中买卖双方市场活动在地理空间上的分散性是厂商获得市场支配力的一个重要来源。由于分散性所导致的交通成本差异会在不同程度上削弱市场竞争程度,即使消费偏好相同,交通成本差异也会导致消费者实际消费选择的不同。因此,厂商和消费者在地理空间上的分散性以及由此导致的相对距离就成为市场竞争的重要决定因素,即市场竞争演变成厂商在空间地理区位上的竞争,厂商空间定位问题就成了厂商竞争理论的核心内容之一,空间区位竞争理论也由此而产生。

霍特林从厂商不同空间位置出发,首次建立了一个线性市场上的双寡头厂商定位模型。在没有价格竞争(每一个厂商都以边际成本定价)的情况下,厂商追求利润最大化的结果就是每一个厂商都倾向聚集在市场中心,即最小差异原理。因为在一条长度给定的直线上均匀地分布着消费者,在这个市场上两个厂商都向消费者出售相同的产品,消费者到厂商的交通成本是厂商与消费者之距离的线性函数,在厂商出售产品价格相同的条件下,每一个消费者都会到离自己距离最近的厂商去购买产品。因此,每一厂商产品需求是由它吸引消费者的数量所决定的,即是由厂商占据给定线段的长度所决定的,厂商之间的竞争就变成了如何在既定线段上选择一个点,使自己所占据的线段达到最大化。

企业的扩张不仅体现在空间上,还体现在规模上,其规模扩张战略一般是通过一体化和多样化两种方式(李小建,2006)。通过横向一体化和纵向一体化的扩张,企业可以获得内部规模经济的好处,而通过多样化的生产,则可以获得内部范围经济的好处。前者强调的是产量规模扩张带来的经济性,后者则强调产品种类范围扩大获得的经济性。企业的空间扩张和规模扩张都体现了生产要素的集聚性,而其通过接触扩张、等级扩张或者通道扩张,会进一步使生产要素和经济活动随着企业的空间选择和规模的扩大而呈现出集聚的现象。

(3)集聚机理的阶段分异

藤田昌久等(2016)认为,"地理上的接近"就像一个"黑匣子",其内部可能隐藏着更多微妙的微观机制。推动集聚经济产生的主要原因并不是一成不变的,而是随着经济的发展、技术的进步和外部环境的变化而不断变化的,具有阶段分异性。由于其时代背景不同、技术水平不同、生产方式不同而导致集聚经济的发生机理也各有不同,总结起来,可以将其分为三个阶段,如图3-4所示。

①资源导向型集聚。从时间尺度来看,这一阶段主要是工业革命之前的农业社会阶段。在这一阶段,经济活动主体集聚行为主要受到

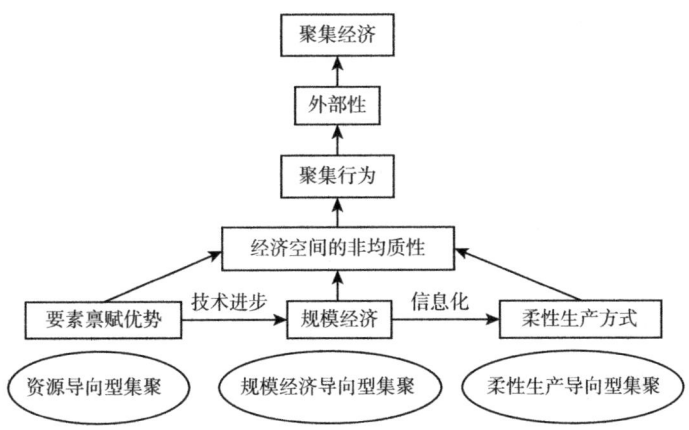

图 3-4 集聚机理的阶段分异

资源、气候、土壤、地形、河流等自然要素禀赋的制约，资源结构的特征也就决定了产业结构的特征。在这一阶段，还没有发展现代交通运输业，要素的流动范围较小，集聚现象还不是特别突出。另外，由于技术水平有限，这一时期的集聚经济还不是现在通常所说的由于经济主体相互影响所形成的外部经济，而是由于资源要素禀赋所形成的比较优势产生的集聚效应。因此，在这一阶段，对当时经济具有解释力的主要理论是亚当·斯密的绝对优势理论以及大卫·李嘉图的比较优势理论等。

②规模经济导向型集聚。从时间尺度来看，这一阶段主要是指工业革命之后到信息革命之前。工业革命尤其是第二次产业革命直接带来了社会经济的重大变化，表现为社会化生产的深化和产业集中趋势的明显。比较典型的是福特主义的生产方式导致的大规模生产以及分工与专业化生产。相对于第一阶段，由于技术进步的作用，经济活动已经不再完全依赖于要素禀赋，而逐渐转向经济活动主体的协同合作所带来的外部经济。现在学术界讨论的集聚经济也多指的是从这一阶段开始的集聚经济。

③柔性生产导向型集聚。这一阶段是指信息革命之后以信息技术为核心的现代科学技术普遍应用的时代。由于信息技术的普及，大规模的

刚性生产逐渐转向更加灵活的柔性生产,信息技术可以使生产者不再依赖于当地资源,而对于消费者来说,网络的便利性也使其购买不再拘泥于地域空间的限制,规模经济的基础似乎已经不复存在。于是对这一阶段是否还存在集聚经济,出现了两种截然不同的看法。一种是基于上面的认识,认为传统的集聚经济将越来越趋向于弱化,甚至最终走向消亡。而另一种声音则认为信息技术的发展和应用改变了传统经济的方式,但集聚经济并没有消亡,而是以一种新的方式存在。从宏观层面来看,由于柔性生产方式下,小规模、定制化、横向集成的生产模式会形成更加灵活的专业化合作,进而产生新形式的集聚活动。从空间上看,这种集聚活动可能不像传统模式那样仅集聚在"中心",而是有可能集聚在"次中心"甚至是"外围"。因此,可以说,传统的单中心集聚正在向更高均衡的多中心集聚模式发展,从整体上来看,集聚效应不是减弱了而是加强了。从中观和微观的层面看,不同性质的产业和企业也存在集聚方式的差异。以传统产业和高新技术产业为例,传统产业的集聚仍然是以规模经济为主的模式,而高新技术产业则将其产业进一步模块化,将不同的模块分布在不同的区域进行集聚生产,甚至是在全球范围内开展分工与合作。

3.1.2 地方化经济

胡佛(1990)在其《区域经济学导论》中将集聚经济分为两类:一类是城市化经济,另一类则是地方化经济。城市化经济也称为多样化经济,其特点是多样化的产业以纵向一体化的形式在城市集中,在这种类型的产业集聚过程中,城市起到了"仓储系统"的作用,互相关联的上下游企业之间具有极强的配套性和互补性。这种"城市化经济"可以看作城市范围内的规模报酬递增的结果。地方化经济又可称为专门化经济,其特点是同一产业内的众多企业在一个特定地区内集聚,共享该区域内的基础设施和成熟的劳动力市场,不断进行知识交流和创新,进而降低了单个企业生产的平均成本，最终提高了整个行业的生产效率。马歇尔在区分了内部规模经济和外部规模经济的基础上，将外部规模经济视为地方化经济。实际上，"地方化经济"可以看作外部规模报酬递增的结果。

后来的一些学者对地方化经济进行了实证检验，主要讨论地方化经济的集聚效应。Henderson（1986）分析了美国和巴西的制造业集聚效应，发现地方化经济比城市化经济集聚效应更显著，且随着规模扩大，地方化经济的弹性减小甚至逐渐消失。Henderson（1995）又进一步分析了不同技术水平的产业的地方化经济效应，发现地方化经济对技术发展成熟的产业具有正向作用。Nakanrual（1985）对日本地方化经济和城市化经济的研究也支持了Henderson的结论，发现地方化经济要比城市化经济对生产效率的作用更显著。

进一步的研究则更加注重从微观行为主体探讨地方化经济提高生产效率的作用机制。Duranton和Puga（2004）认为地方化经济的集聚效应通过分享、匹配和学习三种机制对劳动生产率产生作用。藤田昌久等（2014）从不同的学术流派讨论了上述三种机制：认为斯密式方法可以较为通俗地解释分享机制，经济集聚通过对基础设施、服务、中间投入品以及收益的分享，进而提高工资水平和消费者福利；用张伯伦式的多样化思想来解释匹配机制，认为异质劳动力和企业需求匹配度更高，当新的劳动力或者新的企业（或者二者同时）进入一个区域时，集聚效应开始发挥作用；用马歇尔式思想来解释学习机制，认为"产业的秘密就存在于空气中"，即面对面的交流有助于知识和技术的产生、扩散和累积。分享效应、匹配效应和学习效应的有效性，不仅依赖于因地理集聚和交通、通信设施改善而取得的地理接近或"自然距离"效应，还依赖于不同行为主体之间的关系网络和社会资本的性质或"社会距离"效应，更依赖于不同行为主体之间更为本质的制度文化的接近或"制度接近"效应（苗长虹等，2007）。因此，合作的关键是"三个效应"的协同性或者说是"共同演化"。

3.1.3 分工与专业化理论

（1）亚当·斯密的分工思想

分工与专业化的研究由来已久，早在公元前380年柏拉图就曾经讨论过分工与专业化对增进社会福利的作用，17世纪末，威廉·配第通过荷兰的商业发展也论述了分工与专业化对提高劳动生产率的作用。但是早期对于这一问题的讨论比较零散，大多还只停留在意识层面。直至1776年亚当·斯密的《国富论》问世，才将分工与专业化正式发展到理论层面。在《国富论》中，亚当·斯密详细阐述了分工与经济增长的互动作用、分工的产业特征、分工产生的原因以及分工演进的地理模式等。斯密的分工理论在经济学思想史上具有里程碑的意义，其分工思想对以后的经济学家研究该问题起到了重要作用。正如熊彼特（1991）所说，"无论在斯密以前还是在斯密以后，都没有人想到要如此重视分工"。

（2）马歇尔的分工理论

马歇尔（1981）在《经济学原理》中对分工问题进行了分析，其理论主要集中在三个方面：一是阐述了分工效应的差异性，在不同工作等级中的表现并不相同，尤其是讨论了机械对分工的影响；二是探讨了分工与专业化产业区的问题，分析了分工以外的因素（自然因素和政府作用）对专业化产业区形成的作用，以及专业化产业区是如何促进分工发展的；三是分析了分工效应与规模经济（主要是内部规模经济）之间的关系，证明了规模经济条件下更容易实现分工效应。

（3）杨格的分工理论

斯密的分工思想在现在看来是具有举足轻重的作用的，但在较长时间内，并没有得到后来的经济学家们的重视，直到阿伦·杨格（Young，1928）在《报酬递增与经济进步》一文中重新发展了斯密的分工理论，分工理论才真正被重视。杨格对于斯密理论的发展最重要的观点为"分工一般地取决于分工"，被后人称为"杨格命题"。"杨格命题"实质上解释了规模报酬、市场规模与分工的关系,包含了三方面的含义:分工的演进是规模报酬递增得以实现的基础;市场规模决定分工程度;分工程度又反过来制约市场规模。杨格将分工看作一个累积循环的内生演进机制,这一过程是分工与市场的正反馈循环,并最终带来规模报酬递增效应,为经济提供发展动力。

(4) 马克思的分工理论

分工理论并不是马克思研究的重点,但是也较为系统地研究了分工的形成和发展(马克思,1975)。马克思的分工理论集中在社会分工和企业内部分工,尤其是将社会关系引入分工理论,是对分工理论研究的拓展。马克思认为,生产力和社会分工决定了资本主义私有制的出现,而私有制的产生和发展又推动了市场规模和分工的扩大。

(5) 杨小凯的分工理论

20世纪80年代以来,以罗森、贝克尔、杨小凯、黄有光等为代表的一些学者利用超边际分析方法,将古典经济学中的分工与专业化思想用数学工具进行模型化,被称为新古典经济学。其中,以杨小凯(1999)的分工和专业化理论最有代表性。他的理论模型是以一定的假设条件为基础的,基本假设主要包括:生产者与消费者是统一体,生产者同时也是消费者;专业化经济的存在;消费者偏好多样化;交易费用的存在。基于以上假设,杨小凯在界定分工之前先利用生产函数界定了专业化,然后将分工界定为一种生产结构,将分工水平的增加表示为其他经济主体专业化水平保持不变的情况下,至少一个经济主体的专业化水平在增加。在对分工和专业化量化的基础上,构建了分工的数理模型,分析了分工发生和演进的过程。在这一模型的基础上,将分工理论应用于经济学的诸多领域,对许多经济学问题重新进行了解释,如贸易、城市化、产权理论以及其他宏观经济问题。

上述不同学派对于分工和专业化的解释,分别从不同的侧重点进行了合理的阐述,但由于理论的发展都会受制于时代的局限性,任何一个理论都是不完美的,但理论的发展又总是在不断的完善中趋于完美。在上述理论中，新古典经济学对分工和专业化的解释更为系统、完整，并且由于其构建了可量化的模型，使其理论的可推广性和应用更为广泛。

3.1.4　复杂系统与自组织演化

复杂性研究是系统科学发展的新阶段，也是当今科学发展的前沿内容之一（黄欣荣，2007）。最早研究复杂性系统的是奥地利生物学家Bertalanffy（1950），并由此拉开了复杂性科学研究的帷幕，众多不同领域的学者参与这一问题的讨论，并取得了丰富的研究成果，提出了复杂性科学系统下的一系列理论，如 Prigogine（1969）的耗散结构理论、Eigen（1971）的超循环理论以及 Holland（1994）的复杂适应系统理论等。国内在复杂性系统方面的研究较有代表性的是钱学森等按照系统中子系统的多少和其内部关系复杂程度标准将系统进行了分类，并提出复杂巨系统，认为如果一个系统中子系统多且具有层次结构，子系统之间的关系错综复杂，就可以称这样的系统为复杂巨系统，如果这个系统又是开放的，则可以称之为开放的复杂巨系统（钱学森等，1990）。实质上，大部分的系统都可以划为开放的复杂巨系统，如星系系统、生物体系统、生态系统、地理系统、社会系统等，此类系统的结构、功能、行为和演化等方面都是庞杂繁复的，对其研究要采用定性与定量相结合的集成方法。

自组织理论（Self‐organizing Theory）是研究复杂系统诸多理论中的一个重要组成部分，其研究体系中突出了系统内部的主动性，从一个系统形成的条件、发展动力、演化途径等方面探讨系统的发展。自组织理论因其适用范围广泛、方法应用性强，被广泛应用于社会、经济、管理等诸多学科中。一般来说，系统的演化是在内外力共同作用下不断向前推进的，而"组织"是一个系统内部的结构及结构的演化过程，系统演化主要有两种方式：自组织演化和他组织演化。自组织演化的过程是系统受到其内部驱动力的影响，自行地由无序走向有序、由低级有序走向高级有序、由简单走向复杂、由粗糙走向精细发展的演化过程,最终实现组织的自复制、自适应、自创生、自发展,其发展的过程不受外部指令的作用。相反地,他组织则是依靠外部指令和作用形成的系统。一般来说,绝大部分的系统都是自组织系统,其发展演化主要靠系统内部相互作用力实现,一个系统的自组织功能越强大,其催生新功能的能力也就越强大。

自组织的演化有其自身的运行规则,如图3-5所示,最外围的方框代表系统所处的环境,大圆圈表示自组织系统,内部的小圆圈则为子系统,所有的线型都为虚线,表示无论是系统的外部环境,还是自组织系统,以及子系统,都是开放的,可以与外界进行物质、能量、信息的交流。自组织系统的演化是一个从混沌逐渐走向有序的过程,在这个过程中,控制变量起到主要的作用,在控制变量的作用下,系统内部的子系统及行为主体会发生竞争、博弈与合作,这种内部的作用力会形成微涨落,当这种作用力到某一阈值时,系统将会产生巨涨落,逐渐形成序参量—交叉利益,由第一个阶段的混沌状态突变为更为有序的状态。这一过程在不断地重复中,系统从低级有序走向高级有序,不断地发展演化。

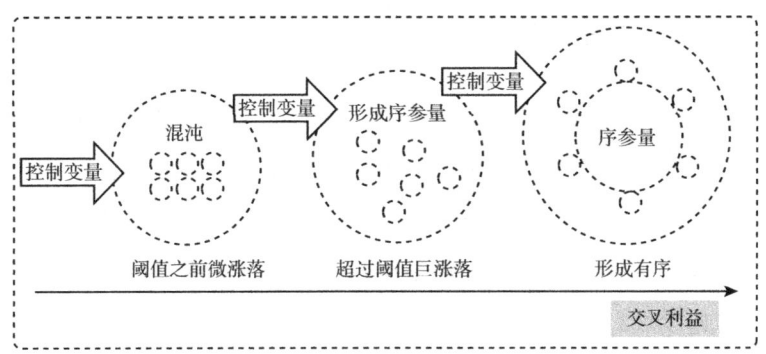

图3-5 系统的自组织演化过程示意图

对于自组织内部的作用机制,学者们从不同的角度对其进行探讨,并形成了自组织理论体系,包括耗散结构理论(Dissipative Structure Theory)、协同论(synergetics Theory)、突变论(Catastrophe Theory)等。

耗散结构理论是由伊里亚·普里戈金（Ilya Prigogine）提出的，主要研究开放系统从无序走向有序的过程。该理论认为：远离平衡态的开放系统通过与外界流的交换，其系统内部某参量达到一定阈值时，就会产生突变进而转变为在一定时间、空间、功能上的有序结构，这种有序结构的维持仍然需要不断地与外界进行物质、能量和信息的交换，因此将其称为"耗散结构"。

协同论是由物理学家哈肯（Hermann Haken）提出的，该理论在耗散结构理论的基础上，通过统计学与动力学相结合的研究方法，建立了完整的数学模型，揭示了系统从无序到有序的共同规律。之所以将该理论称为协同论，有两方面的原因：一是研究对象是诸多子系统的协同作用，二是研究方法是由许多不同学科共同协作实现的。协同论的目的是研究旧结构演化成为新结构的共同规律，其通过在某一领域建立数学模型，将其类比推广到更广泛的领域，以期在跨学科的领域探究系统演化的共同内在规律。

突变论是由数学家勒内·托姆（René Thom）于1923年在其代表作《结构稳定性和形态发生学》一书中提出的。该理论认为系统从一个稳定态到另一个稳定态的演化是以突变的形式发生的，其主要研究这种突变的内在规律。对于一个稳定系统来说，如果受到外界作用力的话，其最初的反应是将这种作用力吸收内化，如果这种作用力强度不大，则对系统只会产生轻微扰动，不会影响系统的稳定状态，但是如果作用力强度太大，则系统不能完全将这种力量吸收，就会发生突变，系统状态被改变，随之进入另一种系统稳态。突变论就是用数学模型来描述系统的连续性行动突然由于外界力量而中断并产生质变的过程。

3.1.5 界面理论与集聚

界面是物体与物体之间的接触面，因其处在两种不同物体（或系统）的交界处，相对于均值的物体或者系统，有其独特之处（乔家君，

2011)。物理学（Pillar 等，2014）、生态学（Iyalomhe 等，2013）、建筑学（Wu，1989）、地理学（Stoica 等，2011）等不同学科开展了相应的理论探索。曹鸿兴（1988）最早提出界面理论，他将其称为界壳，随后其带领的研究团队对该理论进行了详尽的分析（曹鸿兴等，2011）。他认为，界壳是系统存在的一种特殊形态，它处在系统与环境之间的中介体，环境对系统的作用要通过界壳才能实现，而系统也需要通过界壳才能与环境进行要素交换。由于其作为中介体的特殊作用，与均质系统不同，具有异质性、过渡性、敏感性、复杂性等特点，对其研究极富意义。但是目前相关研究主要集中在医学、化学、物理、计算机等领域，经济学、管理学等社会科学对其关注较少。

地理学者从空间视角对界面理论进行了拓展，为地理学的综合研究提供了新思路（李克煌等，1996）。空间界面是在一定条件下由不同性质的资源要素相互作用而成的（乔家君，2011），按主要要素属性可分为自然界面和人文界面。相比较而言，自然界面更为显性（如山地平原交界带、水陆交界带、农牧交错带、沙漠边缘带、森林边缘带等），关注也相对较多（马建华等，2004），而人文界面则比较隐性（如行政界面、文化界面、交通界面、城乡界面等），也相对更为复杂，相关研究还不是太多，目前的研究多集中在城乡界面（乔家君等，2016a；乔家君等，2016b；乔家君等，2016c；马玉玲等，2017；韩冬等，2018）。

演化经济地理学认为经济的集聚发展处在多种力量和行为层次的交界面（博西玛等，2016），处于多个系统的"接口"，具有界面的特征。同其他界面一样，集聚系统也具有异质性、过渡性、复杂多样性、相对的稳定性和绝对的变化性，这些特性使其能够产生界面通常的效应，如边缘效应、集肤效应、加成效应、尺度效应等（乔家君，2011）。复杂性理论也认为，当集聚经济处在"混沌边缘"，即混乱与有序、控制与改变、合作与竞争的交界点上，则此时的集聚经济是最具活力、最有适应性和创新性的（Mckelvey，1997）。因此，我们认为，界面理论为研究集聚经济的演化提供了一种新的思路和视角，可以将集聚视为多种行为主体（经济个体、企业、政府、中介组织）在多种力量相互博弈中寻求的利益均衡点，如图 3-6 所示。由于这是一种动态博弈，因此，这种均衡并不是静态的，而是不断动态演化的。

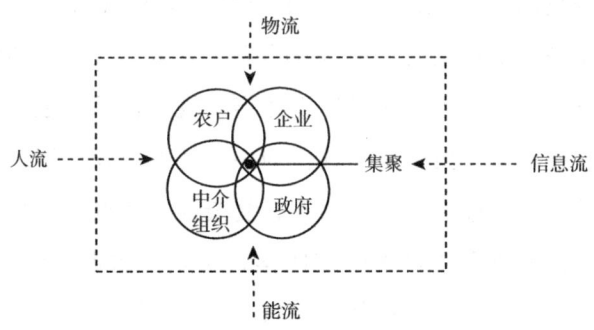

图 3-6　集聚的界面视角示意图

3.2　理论框架构建

专业村集聚是一个复杂的自组织系统，其发展演化受到不同尺度主体的影响，影响因素错综复杂，并随着时间变化具有阶段分异的特征。本书对专业村集聚演化机理的分析聚焦于"系统"和"演化"这两个关键词，以系统论和演化理论作为理论基础，将规范分析与实证分析相结合，旨在探讨专业村集聚演化发展的内在逻辑。

理论框架的构建逻辑（见图 3-7）是"理论基础（参照体系）—理论分析（应该是什么）—实证检验（实际是什么）"。理论基础作为全书分析的参照体系，是将前人的研究成果作为本书研究的支撑和依据，理论分析正是在理论基础的前提下，将理论基础与专业村集聚研究进行结合，提炼出专业村集聚演化的理论体系，最后在该理论体系的指导下，以具体案例区的实证分析来验证理论分析的结论，经过验证的理论分析又反过来对前人的理论成果进行了有益的补充。

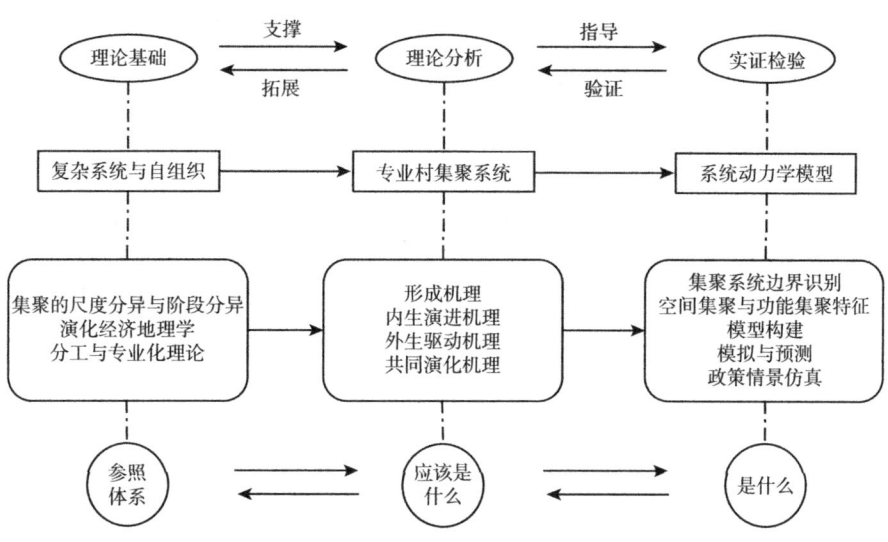

图 3-7　专业村集聚演化理论框架

以复杂系统和自组织演化理论为依据，将专业村集聚系统这一复杂系统作为研究对象，探究其内部自组织演化的一套规律；专业村集聚系统既有微观尺度的企业与农户的参与，又有微观个体形成中观尺度的产业发展，同时也是宏观尺度的区域发展问题，因此依据集聚理论的尺度分异，把专业村集聚系统作为一个多尺度共存的复杂系统，其演化过程受到不同尺度主体的相互作用，随着时间的变化具有阶段分异，即在演化发展的不同阶段，主要的作用动力也不尽相同。专业村集聚演化的内在逻辑按照演化经济地理学的理论思路进行分析：在集聚演化形成的早期，认为根植性与路径依赖是其发展的主要动力，尤其是对于专业村集聚的形成土壤是广大的农区，专业化项目多以农业或者农产品加工业为主，其早期的形成多依赖于当地的要素禀赋优势，具有较强的根植性；在专业村集聚系统成长期，随着分工的深化和专业化的发展，规模经济效应作用力越来越明显，是这一阶段演化发展的主要推力；在专业村集聚系统成长期，逐渐出现规模不经济等外部负效应，这一现象是系统本身难以克服的，因此需要政府这一外生变量的作用，政府在解决外部性方面有着其特殊的作用，专业村集聚在此阶段尤其需要政府的统筹与协调。上述不同阶段演化中，主导作用力虽有不同，但是上述作用力并不是完全割裂开来的，而是在专业村集聚演化的全程都有参与，只是在不同阶段起到的作用不同，因此专业村集聚是一个多层级多阶段共演互动的系统。

在实证分析部分，用界面理论作为指导，选取空间界面效应明显的河南太行山麓作为研究的案例区，使研究结论更加丰富，具有代表性。

4

专业村集聚演化机理的理论解释

以第 3 章的理论基础为依据，从理论上解析专业村集聚演化的过程及内在机理是本章分析的重点。从研究对象来说，将专业村集聚作为一个复杂系统来研究；从研究尺度来看，专业村集聚系统既包括微观尺度的企业与农户，也包括中观尺度的产业，以及宏观尺度的区域发展问题；从研究视角来看，专业村集聚演化的内在逻辑按照演化经济地理学的理论思路进行分析。专业村集聚演化过程中，不同演化阶段的主要作用力和作用机理不尽相同，根植性与路径依赖、分工、专业化与规模经济、外部性与政府作用分别在其发展演化的形成期、成长期、成熟期起主导作用。而在不同阶段的演化中，主导作用力虽有不同，但是上述作用力并不是完全割裂开来的，而是在演化的全程都有参与，只是在不同阶段起到的作用不同，因此专业村集聚是一个多层级多阶段共演互动的系统。

4.1　形成机理：根植性与路径依赖

4.1.1　要素禀赋与根植性

区域经济学中的要素禀赋理论是从国际贸易理论中借鉴来的，无论是亚当·斯密的绝对优势理论、大卫·李嘉图的比较优势理论，还是俄林的要素禀赋理论，均认为要素禀赋的差异是造成分工与专业化的主要因素。不过，由于时代的局限性，以上理论对于要素禀赋的阐述主要集中在自然资源禀赋上。事实上，区域之间资源禀赋差异除了自然资源之外，还有如历史传统、经济、社会、文化等资源的差异，而且这些要素的差异在近现代区域分工中起到越来越重要的作用。因此，本书下述所提及的要素禀赋包括自然、经济、社会等各种要素。

对于产业的根植性，其实学者们早就有所关注和研究。上述古典经济学的要素禀赋理论实质上体现了根植性的思想，都强调根据本区域独特的资源优势进行生产，亦即本区域选择生产何种产品，是根植于本地资源的。新古典经济学进一步明确了根植性的内涵，并将根植的内容从自然资源拓展到经济社会等方面，其代表人物马歇尔认为社会与地域有机整合、空间接近和文化同质是产业区形成的重要条件，这是根植性思想极为鲜明的体现。而新经济地理学的开创者克鲁格曼将空间引入经济学，认为经济活动的空间集聚主要是由"第一自然"和"第二自然"作用而成的（Krugman，1993；Henderson，1999）。其中，"第一自然"包括资源禀赋与区位，而"第二自然"则强调不完全竞争、报酬递增以及运输成本之间的相互作用。"第一自然"在空间上是不均衡的，地理因素对集聚具有重大的解释力（Ellison等，1999；Kim，1999）。"第二自然"的存在，进一步加剧了集聚。克鲁格曼认为，随着技术的进步，"第一自然"在经济活动中的作用越来越有限，但其自然的根植性烙印是无法磨灭的。新制度经济学进一步将社会关系引入根植性的分析，波兰尼认为人类的经济活动是一个制度过程，且这一过程根植于社会和文化结构中。弗里德曼对集聚根植性的研究作出了两方面的贡献：一是将政治变量与社会变量加入研究范围；二是提出"核心—边缘"理论，为研究根植性的社会网络、外部性、创新等提供了依据。演化经济学注重对"变化"的研究，强调时间与历史在经济演化中的重要地位。其代表人物熊彼特在动态的演变过程中，研究了制度、偶然性、创新和企业家精神等在产业扎根本地中所起到的作用。

梳理以上理论界对根植性的研究脉络，发现要素禀赋是分工和区域差异的主要助推力，而分工导致的专业化会产生经济活动的空间集聚，早期这一集聚主要是由"第一自然"作用形成的，集聚区往往根植于自然资源禀赋和具有区位优势的区域，但随着集聚不断增强和规模报酬递增效应，再加上技术进步的作用，集聚过程进一步根植于"第二自然"即经济、社会等要素中，并随着时间的推移，不断动态演化。研究专业村集聚的根植性，即是研究某一特定产业扎根于一定区域的

"根"是什么,以及为什么要"植"入这一区域。

一般来说,经济活动的基本要素都可以归纳为两大类:"人"和"物"。这里的"人",既包括劳动力这一要素,也包括经济活动主体之间复杂的社会关系网络及其行为;而"物"则囊括了资源、资金、土地等资本要素。

专业村集聚的"根"往往首先是由"物"这一要素决定的。一般来说,广大农区多以粮食生产为主,而能够出现专业村以至于专业村集聚的区域多具有独特的区域性资源,其中自然资源是最重要的一类,它为产业扎根本地提供了物质支撑(付晓东,2017)。专业村集聚早期形成多根植于当地独特的自然资源要素,如优越的地形、地貌、土壤、气候等条件有利于农业型专业村的规模化发展、丰富的矿产资源等有利于工业型专业村的发展、独特的自然风光优势有利于旅游型专业村发展。独特的自然资源优势为专业村的初步形成奠定了一定的物质基础,也使专业村不仅"扎根"于本地资源丰富的区域,也易于"扎堆"于这些区域,形成专业村集聚区。

具备了根基,能否"植"入某一区域,则主要受到"人"的因素的影响。一旦某一个产业(或者产业系统)与当地的资源禀赋相匹配,接了地气,就有了基础性支持和内生力量,再加上有了"人"的要素,如能人、企业家、政府、中介组织等经济主体多种源动力的牵引,该产业才能更好地植入当地社会文化环境中,达到真正的根植(刘恒江等,2005)。不同于产业集聚多受到市场机制的影响,专业村集聚则更多地受制于地缘、亲缘、血缘等关系的影响,在这样一个社会资本存量高的系统中,各个行为主体之间有着充分的了解,相同的文化背景也比较容易增强彼此之间的信任感,可以减少信息不对称、降低交易成本、加快技术传播以及知识(尤其是隐性知识)的溢出。

值得一提的是,在研究集聚为何会发生在某些特定区域这一问题时,也有学者谈到历史性偶然事件,如克鲁格曼在研究产业功能区的时候(保罗·克鲁格曼,2000),以美国地毯行业为例,认为"1895年伊万斯小姐把自己手工制作的床罩作为礼物送给朋友"这一偶然事件是佐治亚小城成为美国地毯之都的起源。根据克鲁格曼的理论，历史的偶然事件可能会引致某种产业在某一特定空间的自组织演化。但是克鲁格曼等学者并没有明确指出什么样的偶然事件会引致空间自组织行为，解决这一问题的关键即是需要揭示所谓的偶然事件是否带来了要素禀赋的变化。事实上，偶然事件只是表象，而且只有极少数的偶然事件会引致空间集聚和经济自组织，究其原因，就是这些偶然因素必然引起了一定的要素禀赋变化（金丽国，2007）。比如在美国地毯行业的发展中，伊万斯小姐在赠送床罩礼物这一偶然因素之后，发现了一种"将丛毛镶嵌在衬垫里的方法"，才开始将其作为产品销售。这里，"送礼物"这一偶然因素引起了"植毛技术"这一后天禀赋的变化，并由此带来了佐治亚小城成为美国地毯行业的集聚地。因此，历史的偶然因素起到了导火索的作用，是经济活动空间集聚的直接原因，但是这一导火索能否"引燃"，还取决于偶然因素表象下有没有产业发展的支撑性要素，这些要素才是产业集聚于某一特定空间的根本原因。

4.1.2 预期与路径依赖

由以上可知，要素禀赋以及历史上的偶然性可能会引致某一产业在特定的空间上演化，并走上自组织道路。而经济系统中，因果循环的动态积累是实现自组织的根本机制。在这个机制中，区域经济主体的预期行为是一个重要因素，它会推动系统的自增强机制。行为主体的自组织行为与特定要素禀赋所导致的空间非均质往往是一致的，这也是专业村集聚演化的起点。

布莱恩·阿瑟在《经济学中的自增强机制》中指出，在边际报酬递增的假设下，经济系统能产生一种局部正反馈的自增强机制，而自增强机制的一个主要来源即适应性预期。自增强机制使经济系统可能存在两个以上不同的均衡解，存在多态均衡的可能性，但系统最终达到哪一个均衡解,是不确定且不可预测的。但市场份额的前期历史能够决定哪个解优先,即存在"路径依赖"。而系统一旦达到某一均衡解,便难以退出,即存在"锁定"效应。

克鲁格曼在研究空间集聚的时候也阐述了这种自增强机制,认为早期的微小优势由于路径依赖和累积作用而被放大,系统的原有平衡会被打破,进而形成集聚,集聚的规模效应使该区域能够维持早期的竞争优势地位,使产业"锁定"在该区域。而且,克鲁格曼还认为,区域发展的路径是一个"自我完成的预期"。在区域经济发展的过程中,路径依赖会导致一个区域的经济系统长期保持在一个均衡状态,但是某些潜在条件的变化可能会打破这一均衡,产生突变。突变的方向带有不确定性,除了客观要素的影响,行为主体的预期会起到非常重要的作用,使系统朝着两种可能的情况发展:一种是强化早期要素禀赋所带来的路径依赖;另一种则是取代要素禀赋的优势,打破路径依赖。相比较而言,第一种情况更为常见。路径依赖的演化理论将经济系统视为一个开放系统,将其发展路径看作一个内生的过程,沿着系统以往的发展路径而不断强化原有的优势,如自然资源、地方资本、技术锁定等(Martin 等,2006)。

4.1.3 理论模型

(1)模型假设

根据以上理论分析,在集聚形成的初期,专业村集聚区是一个自组织的系统,其演化主要受到要素禀赋根植性和行为主体预期的路径依赖的影响,二者的相互作用和循环累积效应导致集聚效应逐渐凸显。接下来将构建数理模型对上述理论分析进行验证。克鲁格曼在研究经济的空间集聚行为时,主要从规模收益递增、要素流动和运输成本等视角进行分析,根据克鲁格曼的分析方法(Krugman,1991),提出如下假设:

①为了模型的简练,将内涵丰富的要素禀赋用单一要素来替代,即假设只存在单一生产要素——劳动力。

②假设只生产两种产品 A 和 B，且两种产品性质不同，A 产品所在行业规模报酬不变，B 产品所在行业存在规模报酬递增。

③假设生产要素总是朝着报酬率高的地区流动。

通过标准化，令一单位的劳动生产一单位的产品 A，且 A 产品的价值为1，则 A 产品所在部门的工资率为1。令 y 为产出水平，w 为相对工资率，则，对于 B 产品所在部门的产出水平和相对工资率为：

$$y = y(L_B), \qquad (4-1)$$
$$w = y(L_B) \qquad (4-2)$$

其中，L 为劳动总供给，L_B 为 B 产品的劳动供给。

假设，$y(0) < 1, y(\bar{L}) < 1$，该假设代表着两种极端情况，即：如果无人受雇于 B 产业，则 B 产业的工资所得低于 A 部门的所得；如果所有的劳动力受雇于 B 产业，则 B 产业的工资所得高于 A 部门的所得。这一假设有助于说明要素禀赋的根植性是如何影响经济主体行为的，进而在一定的区域实现分工，形成专业化生产区域。

（2）模型推导

首先考虑静态情况下，生产要素只在本区域内流动，不涉及要素的跨区域流动和运输成本。先来看两种极端情况：①如果最初所有工人都不生产 B 产品，那么这一现象会导致代表性工人产生心理预期，即认为相对于生产 A 产品，生产 B 产品的工资水平较低，由此产生的均衡结果为，所有工人都专业化生产 A 产品，且这一经济行为在特定的区域空间中进入自组织循环，最终导致的结果是该区域形成专业生产 A 产品的专业化区域。②同样地，另一种极端情况也是如此，最终形成 B 产业的专业化生产区域。那么，除了这两种极端情况，区域经济系统均衡的一般规律如何？

如图4-1所示，横轴为 B 产业的劳动力人数（L_B），纵轴为相对工资率（w）。L_B^* 为均衡劳动力数量，即相对工资率 w 为1（两产业工资率相同）时，受雇于 B 产业的劳动力数量；E 为均衡态，E_A 和 E_B 为上文所述的两种极端情况。若初始经济状况为 $L_B < L_B^*$，即最初 B 产业

的生产要素禀赋不足，而相对应地，A 产业具有要素禀赋优势，由此导致的非均质空间更适宜 A 产业的发展，累积循环的结果是产生了 A 产业功能区；若初始经济状况为 $L_B > L_B^*$，即最初 A 产业的生产要素禀赋不足，而相对应的，B 产业具有要素禀赋优势，由此导致的非均质空间更适宜 B 产业的发展，累积循环的结果是产生了 B 产业功能区。这一分析简单明了地阐释了要素禀赋如何影响预期，并最终决定产业专业化功能区的形成。

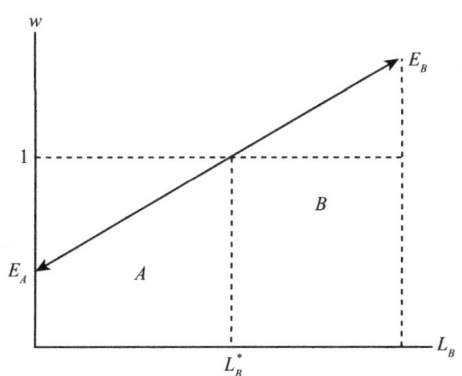

图 4-1　专业化功能区形成的静态分析

上述分析仅为静态分析，没有考虑要素流动和运输成本，对于本模型来说，将要素简化为劳动力要素，即没有考虑劳动力的空间迁移及迁移成本。因此，接下来，将劳动力的空间迁移纳入分析框架。考虑空间迁移成本后，代表性工人的决策就不再单纯比较当期相对工资率，而是会考虑跨期的最优选择，模型则成为解决跨期最优的均衡解问题。

借鉴克鲁格曼（Krugman，1991）的研究思路，引入变量劳动力迁移速度 γ，并假设劳动力迁移成本为二次函数 $\dfrac{(L_B')^2}{2\gamma}$，因此，工人收入可以表达为：

$$Y = \pi(L_B)L_B + (\bar{L} - L_B) - \frac{1}{2\gamma}(L_B')^2 \qquad (4-3)$$

假设工人可以自由借贷，利息率为 r，则，工人最优化选择问题的

目标函数为:

$$\max H = \int_0^\infty Y e^{-rt} dt \qquad (4-4)$$

劳动力迁移的变化为:

$$L_B' = \gamma q \qquad (4-5)$$

其中,q 为影子价格,表示增加一单位劳动在 B 产业的边际贡献,具体可用下式表达:

$$q(t) = \int_t^\infty (\pi - 1) e^{-r(\tau-t)} d\tau = e^{rt} \int_t^\infty (\pi - 1) e^{-r\tau} d\tau \qquad (4-6)$$

对其求导数,得:

$$\dot{q}(t) = r e^{rt} \int_t^\infty (\pi - 1) e^{-r\tau} d\tau - e^{rt} (\pi - 1) e^{-rt} = rq(t)(\pi - 1) \qquad (4-7)$$

其中,$(\pi - 1)$ 为劳动力在 B 产业和 A 产业之间的收入差距,因此,上式的均衡解为:

$$\dot{q} = rq - \pi(L_B) + 1 \qquad (4-8)$$

进一步求解解析解,令:

$$\pi = 1 + \beta(L_B - L_B^*) \qquad (4-9)$$

其中,β 为衡量外部经济的指标。

将式(4-9)代入式(4-8),并与式(4-5)联立可得如下微分方程组:

$$\begin{cases} \dot{q} = rq - \beta(L_B - L_B^*) \\ L_B' = \gamma q \end{cases} \qquad (4-10)$$

将其转化为二阶微分方程,为:

$$q'' - r\dot{q} + \beta\gamma q = 0 \qquad (4-11)$$

其特征方程为:

$$\lambda^2 - r\lambda + \alpha\gamma = 0 \qquad (4-12)$$

特征根为:

$$\lambda_{1,2} = \frac{r \pm \sqrt{r^2 - 4\beta\gamma}}{2} \qquad (4-13)$$

接下来讨论均衡点（$L_B = L_B^*, q = 0$）邻域内均衡的动态变化特征根的取值有两种可能的情况：

①特征根是实数且两特征根不相同，显然，两特征根均为正值。其通解为：

$$L_B = c_1\alpha_1 e^{\lambda_1 t} + c_2\alpha_1^* e^{\lambda_2 t}, q = c_1\alpha_2 e^{\lambda_1 t} + c_2\alpha_2^* e^{\lambda_2 t} \quad (4-14)$$

其中，c_1、c_2为任意常数；α_1、α_1^*、α_2、α_2^*分别为当特征根为λ_1、λ_2时根据特征方程确定的常数。

由于微分方程求解比较困难，往往利用稳定性理论和相轨线分析法来研究解的变化趋势和一些特征。尤其是对于本研究而言，更没必要求出方程的解，而只需分析解的形状以了解要素禀赋与心理预期对专业化发展的影响趋势变化即可。

经济学上的均衡稳定性与微分方程的节点稳定性是相一致的。依据微分方程的稳定性理论可知：若在初始点t_0位于静止点邻域内的所有点，随着t的增大，变为位于静止点的任意小的邻域内的点，当t趋向于无穷大时趋于静止点，则该静止点为稳定节点；反之，随着t的增大，靠近静止点的点都离开静止点的邻域，则该静止点就是不稳定的。对于本研究中的静止点（$u=0$，$q=0$）来说，由于方程的特征根均大于0，该点不稳定，因此，此种解的情况下，可以认为均衡是不稳定的。

②特征根是复数，即：$\lambda_1 = p \pm \alpha_1, \lambda_2 = p \pm \alpha_2$，则其通解分别为：

$$u = e^{pt}(c_1\cos\alpha t + c_2\sin\alpha t), u = e^{pt}(c_1^*\cos\alpha t + c_2^*\sin\alpha t) \quad (4-15)$$

其中，c_1、c_2是任意常数，c_1^*、c_2^*是由c_1、c_2确定的常数。由于方程特征根是复数（式4-13），其实部$r/2 > 0$，由方程稳定性可知，这种情况下静止点也是不稳定的，即均衡也是不稳定的。

以上两种特征根的情况均表明，短期均衡具有不稳定性，进一步考察任一解（L_B，q）的相位。给定任一生产要素的初始配置L_X，就有唯一的q值与之对应，（L_B，q）就是一个暂时的不稳定的均衡点。从该点出发，该经济系统会通过打破一个又一个短期均衡进而逐渐达到长期均衡。从长期来看，该系统达到长期均衡只能出现在两种情况，即：①$L_B = 0$，所

有劳动力都不从事 B 产业的生产,而是从事 A 产业的生产,亦即该区域形成 A 产业的专业化功能区;② $L_B = \bar{L}$,所有劳动力都从事 B 产业的生产,亦即该区域形成 B 产业的专业化功能区。由此可见,长期最优均衡结果表明,不同的产业在空间中按照不同的分工方式发展。而沿着何种路径发展,则可能存在以下两种情况:

①当 $r^2 > 4\beta\gamma$ 时,方程的特征根为正值,系统的初值为 $(L_B, 0)$,从这一初值出发,系统向外发散(见图 4-2)。若初始条件 $L_B > L_B^*$,即 B 产业的生产要素初始条件具有优势,劳动则渐进地向 B 产业集聚,体现了要素禀赋的根植性。如果不存在预期,其集聚特征应沿着 $\dot{q} = 0$ 这一直线型发展。但是由于预期的作用,有迁移打算的工人会更加倾向于向 B 产业迁移,因此最终迁移的速度比目前工作差异的现值速度更快,反映在图中为 S 形相轨线比直线更陡峭。这一数理结果表明,初始条件(要素禀赋)在集聚区的形成中起到决定性作用,而预期则强化了要素禀赋的根植性,使其具有路径依赖性。

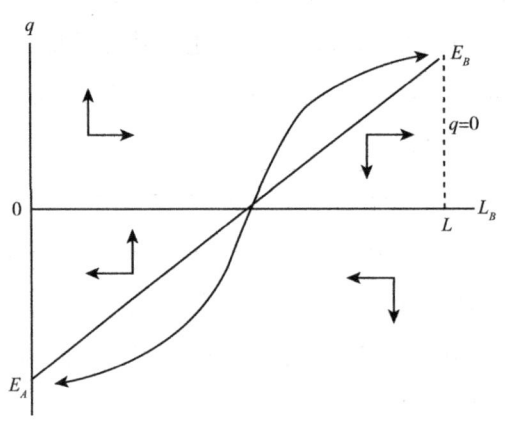

图 4-2 要素禀赋根植性的主导作用

②当 $r^2 < 4\beta\gamma$ 时,方程的特征根为带正实部的复根。从解的图形分析来看(见图 4-3),均衡路径为两条互锁的螺旋线(代表微分方程的两个解)组成,两条螺旋线的起点为图形中心点,分别向两个长期均

衡点扩张和延伸。根据微分方程解的唯一性定理可知，每个点向外扩张的路径是唯一的，所以这两条螺线永远不会交叉，而是分别遵循各自的路径最终到达各自的终点。而经济初始点在克鲁格曼所定义的"交迭"（overlap）区，即闭区间 $[L_{A_0}, L_{B_0}]$ 中时，最终长期均衡的结果是形成 A 产业区还是 B 产业区，不再是由要素禀赋起主导作用，而是由要素禀赋和预期共同起作用，且二者作用的强弱很难确定。

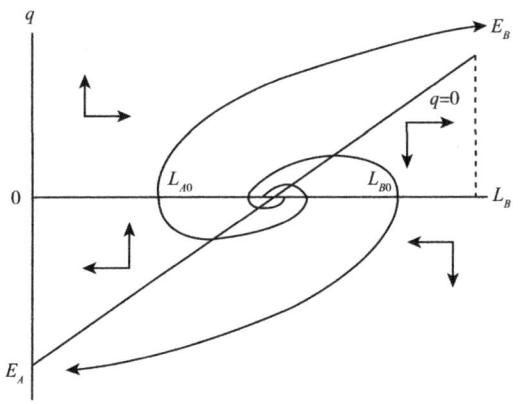

图 4-3　要素禀赋与预期的交迭作用

4.2　内生演进机理：分工、专业化与规模经济

4.2.1　分工与专业化

（1）分工与专业化促进专业村集聚的一般过程

分工与专业化是本质相同事物的两方面，分工水平决定了专业化的程度。一般来说，认为可以将分工分为三个阶段：第一阶段为部门分工，是分工的早期形式，表现为不同区域重点发展不同类型的产业部

门；第二阶段为产品分工，表现为不同区域发展相同产业但种类不同的产品；第三阶段为新型产业分工，是产业分工的一种新形式，表现为同一产品的生产分布到不同地区来进行，这些地区按照产业链的不同环节、工序甚至模块进行专业化生产，形成了跨区域协作分工（李靖，2012），实质上是一种区域分工。

区域分工的结果就是各地区按照自己的优势实行专业化生产（梁琦，2009），这种专业化生产被称为地区专业化。地区专业化（Regional Specialization）即"各区域专门生产某种产品，有时是某一类产品甚至是产品的一部分"（列宁，1951）。地区专业化研究的是这样一种经济现象：为什么有些产业集聚在某一地区，而其他产业却集聚在其他地区。魏后凯（1995）认为各地区往往是根据区域自身资源禀赋和市场需求进行专业化生产的。

专业村集聚是基于资源禀赋的地区专业化，其发展演化与产业分工有相似之处，但并不完全相同。对于产业来说，分工与市场是决定专业化的主要原因，分工的演进和市场的拓展二者相互作用，形成不同种良性的循环累积效应，共同促成了专业化大生产。而专业村的专业化生产则有所不同。如前文所述，专业村及其集聚区形成，多依赖于独特的要素禀赋以及由此带来的预期与路径依赖。随着从事相同产业的专业村数量的增多，空间格局的扩大，专业化生产在一定的地理空间集中，形成集聚区。一方面，同类产业的专业户资源禀赋条件类似，因此会产生相似的区位偏好；另一方面，专业村集聚区易产生溢出效应，相比起空间隔离，在这种空间集中的条件下，更有利于信息、技术等的传播和创新。

分工与专业化在促进专业村集聚方面是一个动态的良性演进过程：原始的自然村落依托当地的资源，起点是自给自足的生产，但是由于生产率低下，导致收入偏低，也相应地很难负担得起交易费用；随着生产经验的积累，生产率提高，农户收入提高，能够负担得起一定的交易费用，农户有专业化生产的倾向；随着专业化水平的提高，农户会通过市场自由择业，出现了专业户，使村域内部出现了不同的分工，收入水平进一步提高；农户收入提高的带动效应对周边具有相似资源禀赋的自然村落起到辐射作用，专业化的地理空间进一步扩大，专业化水平也进一步提高，生产率和收入也相应地有所提高，最终使得专业村在一定的地理空间集聚，集聚边界不断扩大；专业化生产的发展达到一定规模，原有的横向集聚带来的规模扩张逐渐凸显其弊端，产生规模不经济，专业户中的一些"能人"则开始在原有产业的基础上拓展发展空间，通过延展产业链，深化分工，使专业村集聚不仅表现在空间上的拓展，还表现在功能上的延伸。至此，专业村集聚区逐渐形成了在一定空间范围内产业的横向规模扩张，以及产业链条上的纵向延伸。

（2）分工与专业化的空间效应

分工与专业化必然会投影在特定的空间上，随着分工与专业化的发展，会逐渐分化出一些中间产品或者辅助产品的生产者（包括农户、企业以及其他组织等），这些不断分化出来的生产者在面临空间最优区位选择问题时，会倾向于与其相关的产业集聚组团，这样能够降低交易成本，有利于彼此利益的最大化，这就是分工与专业化的空间效应。即只有某一产业在相对较大的地理空间形成一定的规模，才能在一定的区域形成影响力。

当考虑分工和专业化的情况下，每个人既是消费者又是生产者，选择专业化和分工的结果是角点解的存在，于是就产生了多个角点解和内点解的多重均衡。所以，分工和专业化的多重均衡与空间经济的特征是相吻合的。这也从某种意义上说明，分工和空间经济问题具有内在的必然联系。

（3）分工与专业化的网络效应

产业分工与专业化的网络效应是新兴古典经济学的重要研究内容（杨小凯，2003）。布坎南和斯蒂布莱博（1962）、法雷尔和萨伦（1985）以及卡兹和夏皮罗（1986）等都对网络效应进行了深入研究。

专业村集聚是由许多相互依赖的子系统构成的复杂系统,整个系统的有效性既依赖于每个经济主体的生产效率,又依赖于加入系统的经济主体的数量。而对于单个的经济主体来说,是否加入网络的决策又依赖于加入网络的个数,网络中的数量则取决于所有的加入决策。例如,对于一般的消费者来说,其具有多样化消费的偏好,而对于生产者来说,又是具有专业化生产偏好的,但是,在分工与专业化网络中,他们又不可能只根据自己的偏好作决策,而是受到其他人决策的影响,即生产者的决策会受到消费者偏好的影响,而消费者的行为也会受到生产者决策的制约,这就是分工的网络效应。

(4) 空间效应和网络效应促成集聚效应

如果仅仅是生产相同、相似或者相关联产品的专业村在空间上邻近,彼此之间没有分工协作,那仅仅是产业的地理集中,专业村只是在一定空间范围内分散的点,点与点之间没有连线,更没有形成网络,则不能发挥其合力。而如果只有分工,在空间上较为分散,则无疑会增加交易费用。因此,只有空间效应和网络效应共同起作用,才能发挥集聚效应。也就是说,专业村不仅是产业的地理集中,而且应是一个互相联系、分工协作的集聚网络系统。这一效应可以由图4-4来表达(杨小凯,2003)。图中空心圆表示专业村,实心圆表示专业村之间的交易地点。假定相邻专业村之间的距离是1,平均运输费用也为1,专业村经济主体之间的交易均在任两者空间距离的中点进行,则形成了相互交叉的交易网络。图中,n为系统中专业村数量,模式a为分散模式,在此模式下,随着加入分工网络的专业村数量的增加($n=2,3,4,\cdots$),对于每一个专业村经济主体,其交易费用会成比例增加。但如果所有的交易主体能够将交易集中在一个共同的点(模式b),则整个系统的交易费用降低,而且,随着加入网络的主体数量的增多,交易费用下降的比例就越大,模式b即为集聚模式。这种聚集效应是由分工的网络效应带来的,这种网络效应使交易活动和地理位置上的集中产生了一种特别的经济效果。

4 专业村集聚演化机理的理论解释 | 73

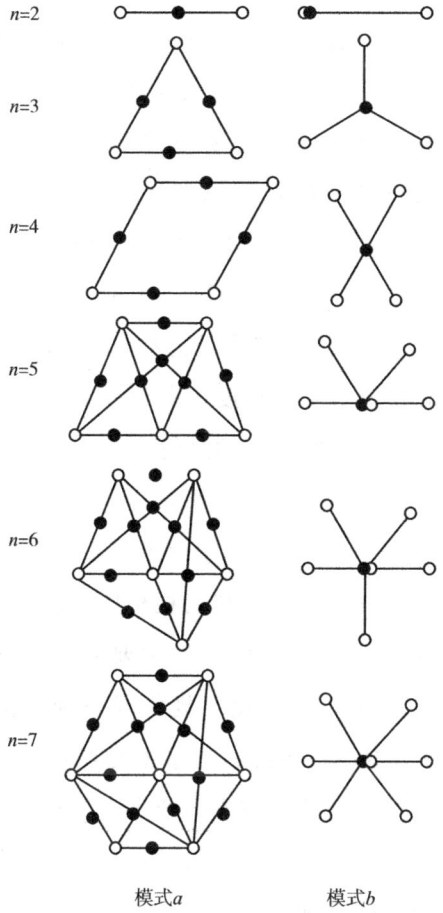

模式a   模式b

图4-4 空间效应与网络效应的共同作用

资料来源：据杨小凯，2003。

4.2.2 专业化与规模经济

（1）规模经济与专业化的关系

规模经济与专业化的关系，是量和质的关系。也就是说，规模经济只是一个量的概念，而分工与专业化才是质的因素。传统经济学把规模经济视为经济增长的源泉，认为随着规模的扩大，经济主体可以提高资源的利用效率，并通过降低交易费用来压缩成本，进而使规模生产者比一般生产者获得更高的收益。传统经济学虽然强调规模经济的作用，但是也有很多研究表明，规模经济并不是经济增长的原动力（斯蒂格勒，1996；杨小凯，1997、1999）。斯蒂格勒（1996）用"生存技术"方法研究了"最佳"规模问题，他认为，对于不同产业或者同一产业在不同时期有不同的"最佳"规模，说明了规模并不是越大越好，规模经济也不是经济增长的永续动力。杨格（1928）认为"产业的不断分工和专业化使报酬递增得以实现，必须把产业经营看作相互联系的整体"。也就是说，规模报酬递增来源于专业化程度不断加深、分工链条不断加长、不同专业化分工之间相互协调所带来的最终产品生产效率的提高。由此可知，经济增长依赖于分工与专业化水平的提高，而专业化与规模经济的统一带来的专业化型规模经济的发展才是区域经济增长的原动力。

如前文所分析的，要素禀赋优势的根植性，以及由此所带来的预期与路径依赖是专业村集聚区最初形成的主要原因，可以将其称为"第一性"要素。那么，分工、专业化与规模经济则是决定专业村集聚的"第二性"要素。单个专业村内部，从事主导产业的专业户规模扩大到一定程度，可以降低单位产品的成本，产生内部规模经济；这种规模经济的效应具有辐射性，会带动地理邻近的村落进行效仿，随着从事相同产业生产的专业村数量的增加，会催生本地化经济（Localization Economy），即产生专业化的劳动力市场、服务市场以及中间产品市场，从而进一步降低交易费用等成本，这就是外部规模效应；内部规模经济和外部规模经济仅是"量"的规模，而不同规模的经济实体之间的联系和配比，形成结构上的联系，才是"质"的规模。

（2）规模报酬递增与专业村集聚

规模报酬递增是新经济地理学的理论基础，克鲁格曼等学者也通过不同的方式将规模报酬递增视为经济活动空间集聚的重要原因。新经济地理学的规模报酬递增指的是经济上相互联系的产业或经济活动，由于在空间上的相互接近而带来的成本节约，或规模扩大而带来的无形资产的规模经济等。空间聚集是规模报酬递增的外在表现形式,规模报酬递增是空间集聚的向心力。

规模报酬递增对促进专业村集聚的作用体现在两个层面上。从产业的横向联系来看,规模报酬递增的特性决定了某一专业项目的生产需要扩大到足够大的规模,才能降低产品的成本,最初由一个或者少数几个专业村投入的专业项目,由于其生产要素的有限性,很难达到足够的规模,因此,规模报酬递增的特征就要求专业村在横向上不断延展其规模;从产业的纵向联系来看,由于运输成本的存在,基于规模报酬递增的考虑,有上下游联系的经济活动主体也会主动地聚集在一起,以便于减少运输成本进而降低产品价格,这种产生集聚效应的力量被称为"价格效应"或"前向联系效应"。随着聚集在一定区域内的形成,价格效应更加凸显,产品价格的下降导致劳动力的实际工资提高,而这又进一步诱使非集聚区的劳动力向集聚区内转移,集聚程度进一步提高,这种引起集聚的作用力被称为"市场规模效应"或"后向联系效应"(安虎森等,2006)。专业村集聚中的横向规模扩张和纵向的"前向联系"和"后向联系"共同作用,各种作用力不断循环累积,共同推动着集聚区的内生演进。

(3) 规模不经济与专业村集聚

当然,专业村发展的规模并不是越大越好,而是存在一个"最佳规模"的问题。当突破"最佳规模"时,可能就会出现规模不经济了。此时,同质产品的横向规模扩大,可能会导致市场上的供过于求,进而导致价格下降,恶性竞争严重;而基于纵向联系的规模效应带来的集聚效应在到达某一临界值之后,可能会产生竞争加剧、交通拥堵、环境污染等拥挤成本,当拥挤成本超过集聚向心力后,极化效应开始弱化,扩散效应开始凸显。此时专业村集聚区可能会出现两种发展方向:一种是逐渐失去集聚优势而走向衰落;另一种则是在压力下寻找新的出路,如进行结构调整、加强分工协作以及技术创新等,通过优化规模结构,在量的基础上提升质。

4.2.3 理论模型

（1）模型假设

前文理论分析表明，分工、专业化与规模经济则是决定专业村集聚的"第二性"要素。分工与专业化是质的因素，而规模经济则是量的体现。分工、专业化与规模经济对专业村集聚的促进作用是动态演化的，逐渐从单纯的空间集聚到功能集聚，从横向产业的规模扩张到纵向产业关联以至形成纵横交错的集聚网络。在这一过程中，是通过何种作用力来实现的，本书通过以下理论模型进行解释。

模型假设如下：

①某区域存在两个专业化功能区：地区1和地区2。

②两地区分别生产两大类产品：产品A和产品B。

③产品A为规模报酬不变的同质产品，市场为完全竞争市场，无运输成本。

④产品B为规模报酬递增的异质性产品（令产品的种类为i，$i=1$，2，$\cdots$，n），市场为垄断竞争市场，运输是有成本的，且成本以冰山成本的形式表示，即运输τ单位的产品，到达目的地的产品为1，其中$\tau-1$为在途中"融化"了的运输成本。

⑤不考虑区域内经济主体的个体差异，即在不考虑工资率、相对需求时，两区域单个经济主体的产出都是一样的。

⑥每个区域的产品种类数与工人数量成正比。

（2）模型推导

对于产品A，由于其具有同质性、规模报酬不变，以及完全竞争市场等特质，因此，可以根据这些特性，假设劳动投入数量与产出数量是一致的，并将A产品的价格作为计价物，根据利润最大化原则有：

$$P_A = P_A^* = w = 1 \qquad (4-16)$$

其中，P_A为A产品价格指数，P_A^*为A产品的均衡价格指数，w为

生产 A 产品的工人的名义工资。

对于 B 产品而言,其生产函数为:

$$C(x_i) = Fw^{1-u}P_B^u + aw^{1-a}P^a x_i = EP_B^u + aP_B^a x_i \qquad (4-17)$$

其中,F 为 B 产品固定成本的规模参数,u 为固定成本中来自产业链上游的比例,a 为可变要素的边际投入,P_B 为 B 产品的价格指数。

$$P_B = \left[\int_0^n p(i)^{1-\sigma} d_i\right]^{\frac{1}{1-\sigma}} \qquad (4-18)$$

其中,$p(i)$ 为第 i 种产品的价格,σ 为产品之间的替代弹性,σ 越大,则产品的可替代性也越大。

消费者的间接效用函数为:

$$V = \frac{Y}{P_A^{1-u} P_B^u} \qquad (4-19)$$

其中,u 为消费者收入中用于 B 产品的比例。

为了便于下文的推导,借鉴奥塔维诺和尼克德(2006)模型中的数学变换:

$$P^{1-\sigma} = \Delta(n^W)^{\frac{1}{1-\sigma}} \qquad (4-20)$$

根据谢泼德引理(Shephard's Lemma),对生产函数变换,可以得出第 i 类产品的数量 $d(i)$:

$$d(i) = \frac{\partial C(x_i)}{\partial P} = \frac{uFP_B^u p(i)^{-\sigma}}{P_B^{1-\sigma}} + ax(i) \frac{P_B^a p(i)^{-\sigma}}{P_B^{1-\sigma}}$$

$$= \frac{uFP_B^u p(i)^{-\sigma}}{P_B^{1-\sigma}} + ax(i) \frac{P_B^a p(i)^{-\sigma}}{P_B^{1-\sigma}} \qquad (4-21)$$

对于消费者间接效用函数,使用罗伊恒等式(Roy's Identity),可以求出消费者对第 i 类产品的需求:

$$c(i) = \frac{\frac{\partial V}{\partial P}}{\frac{\partial V}{\partial Y}} = uY \frac{p(i)^{-\sigma}}{\Delta(n^W)^{\frac{1}{1-\sigma}}} \qquad (4-22)$$

其中,Y 为当地总体收入水平。

地区 1 和地区 2 的收入分别为 Y_1、Y_2，其表达式为：

$$Y_1 = w_1 \frac{L^w}{2} + S_n n^W \Pi_1 \qquad (4-23)$$

$$Y_2 = w_2 \frac{L^w}{2} + (1 - S_n) n^W \Pi_2 \qquad (4-24)$$

其中，n 为生产商的数量，s_n 表示地区 1 的生产商占总生产商的比例，Π_1、Π_2 分别为地区 1 和地区 2 的生产商平均利润。

$$\Pi = \pi - FP^\mu \qquad (4-25)$$

$$\pi = p_2 x(i) - a_2 x(i) P^a \qquad (4-26)$$

π 为总利润，为总收益减去可变成本。

根据市场出清条件，有：

$$x = (c_1 + n_1 d_1) + \tau(c_2 + n_2 d_2), n_1 = s_n n_1^W, n_2 = (1 - s_n) n_2^W \qquad (4-27)$$

上式描述了该地区的产品供给，包括对上游产品的中间产品的投入，也包括对下游消费者的产品供给。

对于短期均衡来说，不考虑要素在两地区之间的流动，也就是说，所有的劳动者名义工资是相同的。

令地区 1 的总支出为 E_1，地区 2 的总支出为 E_2。根据间接效用函数，地区 1 用于 B 产品的支出为 μE_1。根据需求方程，可得：

$$\mu E_1 = \mu [Y + s_n n^W P^\mu F + (\alpha/\mu) a_B s_n n^W P^\alpha x] \qquad (4-28)$$

进一步推导可得：

$$E_1 = Y + s_n n^W P^\mu F + (\alpha/\mu) a_B s_n n^W P^\alpha x \qquad (4-29)$$

将收入函数代入，进一步整理可得：

$$E_1 = L^W/2 + s_n n^W \pi_1 [1 + (\sigma - 1)(\alpha/\mu)] \qquad (4-30)$$

同样地，地区 2 的总支出 E_2 可以表示为：

$$E_2 = L^W/2 + (1 - s_n) n^W \pi_2 [1 + (\sigma - 1)(\alpha/\mu)] \qquad (4-31)$$

在短期均衡市场出清的情况下，两地区经济主体的利润分别为：

$$\pi_1 = \frac{bE}{n^W} B_1, \pi_2 = \frac{bE}{n^W} B_2 \qquad (4-32)$$

4 专业村集聚演化机理的理论解释

$$B_1 = \Delta_1^\alpha \left(\frac{s_E}{\Delta_1} + \phi \frac{1-s_E}{\Delta_2} \right), B_2 = \Delta_2^\alpha \left(\phi \frac{s_E}{\Delta_1} + \frac{1-s_E}{\Delta_2} \right) \quad (4-33)$$

其中，令：$b = \mu/\sigma, E = E_1 + E_2, s_E = E_1/E_2$，两地区的总支出 E 可以表示为：

$$E = \frac{L}{1-\beta}, \beta = \alpha + \frac{\mu - \alpha}{\sigma} \quad (4-34)$$

令地区 1 和地区 2 的支出比例为 s_E，则有：

$$s_E = \frac{E_1}{E_2} = \frac{1-\beta}{2} + \beta s_n B_1 \quad (4-35)$$

进一步分析长期均衡，要素存在跨区域流动的情况下，经济活动主体是否进入某一地区，取决于利润的大小，长期均衡的最终结果使利润为零。如对于地区 1 来说，利润为零可以表示为 $\pi_1 = FP^\mu$。当 $\pi_1 > FP^\mu$ 时，地区 1 的利润为正，经济主体会进入地区 1；反之，当 $\pi_1 < FP^\mu$ 时，地区 1 的利润为负，经济主体会迁移出地区 1。

为了便于推导，定义变量 q_1、q_2：

$$q_1 = \frac{\pi_1}{FP_1^\mu}, q_2 = \frac{\pi_2}{FP_2^\mu} \quad (4-36)$$

根据上式，经济主体是否迁移进入本地区的条件为 q 是否大于 1。

定义迁移方程为：

$$\dot{n}_1 = n_1(q_1 - 1), \dot{n}_2 = n_2(q_2 - 1) \quad (4-37)$$

设置状态变量 $s_n = n_1/(n_1 + n_2), n = n_1 + n_2$

则有两地区间流动的比例的变动为：

$$\dot{s}_n = \frac{\dot{n}_1}{n_1 + n_2} = s_n(1 - s_n)(q_1 - q_2) \quad (4-38)$$

$$\dot{n} = n[s_n q_1 + (1 - s_n) q_2 - 1] \quad (4-39)$$

当 $\dot{s}_n = 0, \dot{n} = 0$ 时，达到长期均衡状态，此时，所有经济主体不再进行空间上的迁移。根据上式可知，达到均衡状态可能存在以下几种情况：

① $q_1 = q_2, 0 < s_n < 1$：这一情况下，经济主体呈现完全均匀分布；

② $q_1 = 1, s_n = 1$：这一情况下，所有的经济主体集聚在地区1；

③ $q_2 = 1, s_n = 0$：这一情况下，所有的经济主体集聚在地区2。

当然，对于经济系统来说，系统的均衡往往并不具有稳定性，均衡状态的临界点很容易被打破。上述三种情况下的均衡状态也只是理想状态，现实中的情况大多是在这三种均衡状态之间不断地变换。

根据以上的模型推导可知，专业村集聚区的形成存在着自组织的内在动力。

①经济主体的数量 n 以及其变动情况对集聚的形成至关重要。虽然在非线性模型中，不能求出关于经济主体数量的解析解，但通过以上分析可知，最初 n 的规模对区域的总收入有影响（式 4-23、式 4-24），即参与经济活动的数量多少是一个区域经济总量的基础。在长期均衡形成的过程中，经济主体会受到利益的驱动而在不同的空间中迁移，而这一数量变动 $\dot{n}$ 及最终不同空间经济主体结构的变动 $\dot{s}_n$ 则影响了经济活动将集聚在何处。

②市场邻近效应是导致专业村集聚自组织演化的作用力之一。由式 4-35 可知，随着最初均衡状态的打破，经济主体因为某些因素向地区 1 迁移，即 s_n 增大，那么在其他条件不变的情况下，s_E 也将增加，即地区 1 在整个区域中的支出比例增加，而这就意味着地区 1 市场规模的扩大。由式 4-32、式 4-33、式 4-25 可知，随着 s_E 的增加，B_1 也随之增加，进而导致地区 1 的总利润 π_1 和平均利润 Π_1 增加，相应地，B_2 会随之减小，进而导致地区 2 的总利润 π_2 和平均利润 Π_2 减小。而这一累积过程会进一步导致更多的经济主体向地区 1 转移，这是因为，经济主体既是劳动力，同时也是消费者，消费者规模的扩大又会进一步激励生产商向地区 1 集聚，这就是市场邻近效应。市场邻近效应的作用能够将空间中的微小变化通过连锁的正反馈，不断地推动空间的集聚。

③集聚区存在纵向产业链分工的情况下，生产成本的关联效应会进一步推动集聚发展。专业村集聚从最初的横向规模扩张逐渐走向纵向的功能优化，此时，迁移方程是以生产商为主的。由式 4-17、式 4-18

可知，随着生产商向地区 1 的迁移，企业数量 n 的增加会导致价格指数降低、生产成本下降，进而提高地区 1 的利润率，并进一步吸引更多生产商向地区 1 转移。尤其是当产业链上游的生产商在地区 1 的规模扩张的时候，其价格指数的下降，会降低下游生产商的生产成本，因为下游生产商需要以上游产品作为生产的投入，因此，上游生产商数量的增加会由于生产成本的关联效应引发下游生产商的集聚。

④集聚规模突破临界值将造成市场拥挤效应，成为集聚的阻力。由式 4-33 可知，随着市场接近效应和成本关联效应带来的集聚程度不断增强，当地区 1 的企业数量达到一定程度以后，其经济活动可能会超出当地的承载能力，带来恶性竞争、利润下降等副作用，而这些副作用会将一些经济活动主体"挤出"该区域，导致集聚程度的降低。因此，与市场邻近效应和成本关联效应不同的是，拥挤效应是一种分散力。三者共同作用形成合力，当合力为零时达到均衡状态，而实践中，合力为零的状况是极为罕见的，一般情况下，三者的合力不等于零，那么这一合力就是一种非均衡力，非均衡力影响集聚规模，会推动该集聚系统不断地内生演化。

4.3 外生驱动机理：外部性与政府作用

4.3.1 外部性

外部性，也称外部效应、溢出效应、外部经济。不同的学者从不同的角度对外部性下定义，但归结起来主要有两类：一是从产生主体的视角来定义；二是从接受主体的视角来定义。前者比较有代表性的如萨缪尔森和诺德豪斯（1999）所下的定义，"外部性是指生产者或者消费者对其他生产者或者消费者给予了不需补偿的收益，或者增加了不能补偿的成本的情况";后者如兰德尔(1989)所下的定义,"某些效益被给予或者某些成本被强加给某些没有参加这些决策的行为主体的情形"。两种定义视角不同,但本质上是一样的,如果用数学语言来描述,则可以将二者统一起来,即外部性就是某些经济主体福利函数的自变量中包含了其他经济主体的行为,但是又没向这些经济主体提供报酬或者索取补偿。可以用函数的方式表达为:

$$F_j = F_j(X_{1j}, X_{2j}, \cdots, X_{nj}, X_{mk},), j \neq k$$

其中,j 和 k 是不同的经济主体;F_j 是 j 的福利函数;X_i ($i=1, 2, \cdots, n$)表示经济主体的不同经济行为;X_{mk} 表示经济主体 k 的经济行为。

这一函数表达的含义为:只要经济主体 j 除了受自身经济行为 X_{ij} 的影响之外,还受到其他经济主体 k 的经济行为 X_{mk} 的影响,那么就说明存在外部性。

从以上定义可知,外部性分为正外部性(Positive Externality)和负外部性(Negative Externality)。正外部性是某个经济行为个体的活动使他人或社会受益,而受益者无须花费代价;负外部性是某个经济行为个体的活动使他人或社会受损,而造成负外部性的人却没有为此承担成本。一般来说,正外部性能促进集聚经济,而负外部性则导致集聚不经济。也就是说集聚达到一定规模以后将会出现地价上涨、环境污染、交通拥挤、基础设施不足等现象,使经济活动向外扩散(安虎森,2001)。外部性是经济主体对他人和社会造成的非市场化的影响,一般出现外部效应时也难以通过市场机制来解决,这就需要政府发挥其调控作用。政府常见的推进正外部性和抑制负外部性的方式主要有:政策优惠、财政补贴或者直接管制等。

4.3.2 政府作用

在专业村集聚演化的过程中,难免会出现"市场失灵"和"系统失灵"的情况,而这种状况不是经济主体能够解决的,政府的作用就是解决这些系统本身不能解决的问题。政府作用于专业村集聚系统的方式主要有直接和间接两种，如图4-5所示。直接介入的方式包括引入专业项目、制定与当地专业项目发展相关的政策、打造良好的基础设施、推进资源共享机制，以及提供金融、技术、公共服务等交流平台；间接的介入方式主要是通过政府权威引导和协调专业户、企业与相关的科研机构、中介机构、金融机构等部门的沟通，为经济主体提供技术、人才、资金等要素的外部支持，引导社会资源合理优化配置，营造适宜其发展的外部环境。

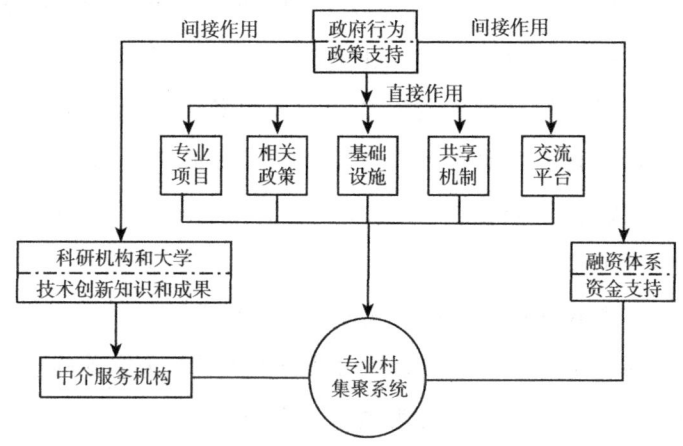

图4-5 政府在专业村集聚系统中的作用

政府作用在专业村集聚发展的不同阶段也各有不同，如图4-6所示。

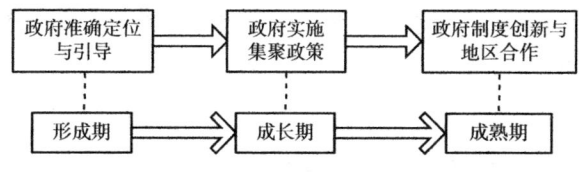

图4-6 不同发展阶段中的政府作用

在专业村集聚形成初期，系统中的主要经济主体为专业户，关联企业很少，这一阶段的集聚形式主要表现在空间形式上的集聚，专业户还不是严格意义上的市场主体，市场意识较为单薄，对市场信息不敏感，更难以运用市场机制规律指导自身经济行为，而且专业户之间的联系较为松散，以非正式的交流为主。此阶段，他们对于政府的需求大多属于政府态度或者政策层面的，如政府对专业项目是否鼓励，是否制定了有利于专业项目发展的政策。

在专业村集聚成长期，由于专业项目在空间上已经形成了一定的规模，开始吸引一些外来的企业进入，或者本地的专业户投资建厂，逐渐出现以专业化与分工为基础的网络。这些经济主体对政府提供的公共服务和政策便会产生新的需求，例如，需要政府提供更为便利的交通等基础设施、优惠的投资政策、多元化的融资渠道、畅通的信息交流平台等。政府作为当地经济发展的宏观调控和服务者，会积极回应这些需求，通过制定有利于当地专业项目发展的产业政策（如土地政策、税收政策等）、改善基础设施（如功能配套的开发区、产业园区等）、优化区域内资源配置、加速要素资源的流动、拓展融资渠道、搭建对内对外交流平台等方式促进专业项目规模的扩大和成长。

在专业村集聚成熟期，集聚区内已经形成了较为完善的生产和分工网络，经济主体之间的联系更为紧密，形成了"专业户＋龙头企业＋合作社＋专业市场"的一体化专业生产组织体系，专业村集聚区的进一步发展需求主要集中在分工协作的深化、专业化项目整体竞争力的提升、技术与制度创新等方面，而这些发展需求很多是经济主体本身难以解决的。因此，在此阶段政府就需要站在更高的高度，进行区域间的利益整合，促进集聚区与非集聚区的分工协作，同时实施与其他地区的合作，加大区域优势品牌的推广和宣传。

4.3.3 外部性、政府作用与集聚的内在逻辑

在上一节的分析中，我们知道，分工、专业化与规模经济推动专业村集聚的内生演化，而其内在的驱动力主要有赖于市场邻近效应、成本

关联效应和拥挤效应共同作用而形成的合力。韦伯认为，集聚经济就是将生产活动按照某一规模聚集在一起，并由此可以给生产和销售两方面都带来成本的节约。由此可见，集聚本身就会带来外部性，其中，市场邻近效应和成本关联效应会带来正外部性（经济主体作为劳动力和消费者，其集聚既有利于市场需求的扩大，又有利于人力资本的积累），而拥挤效应则会导致负外部性，而外部性的解决又需要政府的干预。因此，"集聚—外部性—政府作用"形成了一个循环（见图4-7），集聚产生外部性，外部性的出现则要求政府的介入，对现有制度重新调整，而新的制度对集聚又会产生一定的影响，这一影响可能会产生新的外部性，如此不断循环，专业村集聚在内外两种驱动力的作用下不断地打破一个又一个均衡，不断演进发展。

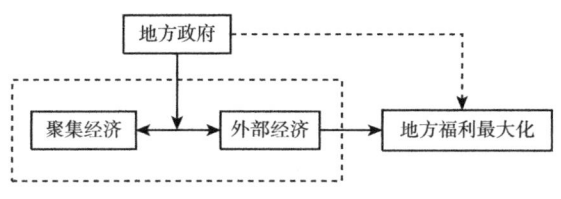

图4-7 政府作用、外部性与集聚

以往的研究往往把政府作为完全游离于市场之外、完全福利化的"社会人"，但事实上，政府像其他经济主体一样，既有收入，也有支出，具有"经济人"属性。但它又不像一般的经济主体，单纯地追求经济利益的最大化，它还同时具有福利属性，是在追求地方福利最大化的约束下实现自身可支配收入最优化的"有限经济人"（金丽国，2007）。其中，实现地方福利最大化是其主要目标函数，而地方福利最大化，即是两大经济主体——生产商和消费者——的福利最大化。根据空间经济自组织的原则，要素集聚是区域资源最优配置的结果，也是实现福利最大化的主要手段。而地方政府的主要目标是实现地区的福利最大化，其必要条件就是促进生产商和消费者利益的最大化，即实现区域资源的最优化配置，促进要素集聚。因此，可以将地方福利最大化这一目标转换为空间维度，即促进集聚经济，这样，就在地方福利水平和集聚之间搭建了联系的桥梁。

在构建理论模型的时候,可以通过测度集聚经济的程度来测度地方福利水平,进而衡量政府在调控外部性上所起到的作用程度。地方政府这一"有限经济人"的目标函数可以由集聚经济程度来间接地表示,在其他条件恒定不变的条件下,仅考虑政府作用,则集聚程度越高,表明政府在促进福利最大化上的贡献也越大。

4.3.4 理论模型

(1) 模型假设

传统的研究往往将政府因素作为外生变量进行质性研究,而最早将政府作为独立经济主体纳入研究框架的是马丁和罗格(1995),但是其研究仅仅考虑了政府公共支出的情况,而没有将政府收入因素考虑在内,这显然不符合经济主体的特征。Lanaspa 等(2001)构建的"核心—外围"模型中,则是将政府收入和支出都纳入模型的框架中。借鉴这一模型,在本书的分析中,将政府作为经济主体纳入分析框架,通过分析政府在不同经济空间的收入和支出情况来分析其空间经济行为。这里,用地方税收表征地方政府收入,用公共品投入、财政补贴等作为政府支出项。在上文的分析中发现,地方政府促进区域总体福利水平的手段主要是推进集聚经济的实现,因此在模型构建时将政府这一经济主体的目标函数间接地用集聚经济的程度来表示,主要讨论地方政府行为对集聚经济的影响。据此提出如下假设:

① 某区域存在两个功能区:地区 1 和地区 2。

② 产品为规模报酬递增的异质性产品,市场为垄断竞争市场,运输是有成本的,且成本以冰山成本的形式表示,即运输 τ 单位的产品,到达目的地的产品为 1,其中 $\tau-1$ 为在途中"融化"了的运输成本。

③ 不考虑区域内经济主体的个体差异,即在不考虑工资率、相对需求等因素时,两区域单个经济主体的产出都是一样的。

④每个区域的产品种类数与工人数量成正比。

⑤为了简化,假设政府税收收入的征税对象是工人,而支出则以转移支付的方式向居民给付。

(2) 模型推导

令区域 1 代表性经济主体的产品定价为 p_1,区域 2 代表性经济主体的产品定价为 p_2;w_1、w_2 分别为两地区的名义工资;W_1、W_2 分别为两地区的实际工资;σ 为产品之间的替代弹性,σ 越大,则产品的可替代性也越大;n_1、n_2 分别为两地区的产品种类数;L_1、L_2 分别为两地区的工人数量;z_{11} 为地区 1 的居民消费本地主导产品与地区 2 主导产品的比例,z_{12} 为地区 2 的居民消费地区 1 主导产品与本地主导产品的比例。

首先分析短期均衡的情况,短期均衡要素是不流动的,构建如下方程式。

两区域的相对消费比例为:

$$z_{11} = \frac{L_1}{L_2}\left(\frac{w_1 \tau}{w_2}\right)^{-(\sigma-1)} \tag{4-40}$$

$$z_{12} = \frac{L_1}{L_2}\left(\frac{w_1}{w_2 \tau}\right)^{-(\sigma-1)} \tag{4-41}$$

两区域的工人收入为:

$$w_1 L_1 = \mu\left[\left(\frac{z_{11}}{1+z_{11}}\right)Y_1 + \left(\frac{z_{12}}{1+z_{12}}\right)Y_2\right] \tag{4-42}$$

$$w_2 L_2 = \mu\left[\left(\frac{1}{1+z_{11}}\right)Y_1 + \left(\frac{1}{1+z_{12}}\right)Y_2\right] \tag{4-43}$$

其中,μ 为劳动力成本占总销售收入的比例。

加入政府收入和支出后,两区域的居民总的可支配收入为:

$$Y_1 = \frac{1-\mu}{2} + (1-t_1)w_1 L_1 + a_1 t_1 w_1 L_1 \tag{4-44}$$

$$Y_2 = \frac{1-\mu}{2} + (1-t_2)w_2 L_2 + a_2 t_2 w_2 L_2 \tag{4-45}$$

其中,t_1、t_2 分别为两区域的税率,a_1、a_2 为政府支出比例。

进一步考虑要素的跨区域流动,分析长期均衡的情况。

在长期均衡的情况下,工人考虑的是实际工资而不是名义工资,实际工资与价格指数相关。令两区域的实际工资分别为 W_1、W_2,两区域价格指数为 P_1、P_2,f 为区域1的工人数量占两区域工人总数的比例。则有:

$$P_1 = \left[f w_1^{1-\sigma} + (1-f)\left(\frac{w_2}{\tau}\right)^{1-\sigma} \right]^{\frac{1}{1-\sigma}} \tag{4-46}$$

$$P_2 = \left[f\left(\frac{w_1}{\tau}\right)^{1-\sigma} + (1-f) w_2^{1-\sigma} \right]^{\frac{1}{1-\sigma}} \tag{4-47}$$

考虑到向政府纳税和获得政府转移支付因素,实际工资为:

$$W_1 = \frac{w_1(1-t_1) + a_1 t_1 w_1}{P_1} \tag{4-48}$$

$$W_2 = \frac{w_2(1-t_2) + a_2 t_2 w_2}{P_2} \tag{4-49}$$

根据上述价格指数方程和实际工资方程发现,若两区域名义工资相等,则区域2的工人向区域1流动的话,会使区域1的价格指数下降,区域2价格指数升高,进而使区域1的实际工资高于区域2,会进一步加剧工人向区域1流动,生产要素由均匀分布向集聚的态势发展。

进一步分析这种集聚均衡是否是稳定的。假设所有的工人都向区域1集聚,则令区域1的生产者总销售额为 V_1,则 V_1 可以表示为:

$$V_1 = \frac{\mu}{n}(Y_1 + Y_2) \tag{4-50}$$

当区域1的生产者获得零利润的时候,区域1将不再扩大生产规模,那么,就存在生产者向区域2迁移的可能性,而决定其是否迁移的必要条件就是在区域2能否获利,如果有获利,则会倾向于迁移,区域1的集聚就会被打破,集聚均衡是不稳定的,反之,则这一集聚是稳定均衡的。

区域2生产者的总销售额可以表示为:

$$V_2 = \frac{\mu}{n}\left[\left(\frac{w_2}{w_1 \tau}\right)^{1-\sigma} Y_1 + \left(\frac{w_2 \tau}{w_1}\right)^{1-\sigma} Y_2 \right] \tag{4-51}$$

令区域 2 与区域 1 销售额的比例为 v，则有：

$$v = \frac{V_2}{V_1} = \tau^{\mu\sigma} \left[\frac{1 - t_1(1 - a_1)}{1 - t_2(1 - a_2)} \right]^{-\sigma} \frac{\tau^{\sigma-1}\{1 + \mu[1 - t_1(1 - a_1)]\} + \tau^{1-\sigma}\{1 + \mu[1 - t_2(1 - a_2)]\}}{2}$$

(4-52)

若 $v<1$，表示区域 2 的利润低于区域 1，则生产者迁往区域 2 就无利可图，也就是说，生产者将选择继续停留在区域 1，区域 1 将继续保持集聚的均衡态；反之，若 $v>1$，表示区域 2 的利润高于区域 1，则生产者迁往区域 2 就有利可图，也就是说，生产者将选择迁往区域 2，区域 1 的集聚态被打破，集聚不是稳定均衡的。

此时，v 成为判定是否集聚的重要参数，且这一参数是一个逆指数，v 越小，则表示集聚程度越高。为了便于理解，将其转化为正指标，令 $s = \frac{1}{v}$，s 越大，则表示集聚程度越高。对 s 求偏导数，可以进一步判断政府在空间集聚中所发挥的作用。分别对税率 t 和政府支出比例 a 求导数，可得（此处只需知道结果的正负方向，故不需展示具体求导结果）：

$$\frac{\partial s}{\partial t_1} < 0, \frac{\partial s}{\partial t_2} > 0 \quad (4-53)$$

上式表明，集聚区 1 的集聚水平随区域 1 税率变化是单调递减的关系，即增加区域 1 的税收会导致其集聚程度的降低；而集聚区 1 的集聚水平随区域 2 税率变化是单调递增的关系，即增加区域 2 的税收会导致集聚区 1 集聚程度的提高。

同样地，对于政府支出，有：

$$\frac{\partial s}{\partial a_1} > 0, \frac{\partial s}{\partial a_2} < 0 \quad (4-54)$$

上式表明，集聚区 1 的集聚水平随着政府对区域 1 财政支出的变化是单调递增的关系，即增加区域 1 的财政支出会导致其集聚程度的提高；而集聚区 1 的集聚水平随政府对区域 2 财政支出变化是单调递减的关系，即增加对区域 2 的财政支出会导致集聚区 1 集聚程度的降低。

以上理论推演结果表明，政府对集聚经济具有重要的影响力，政府通过税收、转移支付以及政策调整等方式，可以提高或削弱其集聚程度。而且，政府作用还具有空间交叉效应，即不仅可以通过政府制度驱动力直接刺激经济主体的集聚，而且可以通过对本地非集聚区的制度作用间接地影响集聚区的集聚程度。

4.4　共同演化机理：多层级多阶段共演互动

基于前文的分析，专业村集聚的过程是基于本地优势资源、伴随着根植性与路径依赖的共同作用逐渐形成，并在分工、专业化和规模经济效应的作用力下不断演进，再加上政府作用和外部性的驱动性不断发展演化的一种区域经济增长活动。而在实践中，上述作用力在专业村集聚这一过程中的作用，并不像理论上是完全独立的。虽然在不同的阶段会有某种力量起到主导作用，但由于专业村集聚是一个动态发展的复杂系统，在这一系统中，任一要素的适应性调整与变化，都可能会影响其他要素，进而改变系统演化的路径，而这一演化结果的变化又会通过一定的反馈机制影响最初变化的要素，从而形成一种多层级多阶段共同演化的逻辑过程。

4.4.1　共演系统的结构

演化经济地理学认为，集聚处在多种力量和行为层次的交界面。专业村集聚的演化受到不同层级行为主体的共同作用，包括直接参与经济活动的专业户、专业合作社及专业协会等中介组织、企业，间接参与经济活动的金融机构、培训机构、科研机构等，影响经济活动的政府机构等，而这些主体又共同受到其所处的各种自然、经济、社会、文化等大环境的影响，并与这些环境共同构成更为宏观的共同演化发展系统（见图4-8）。

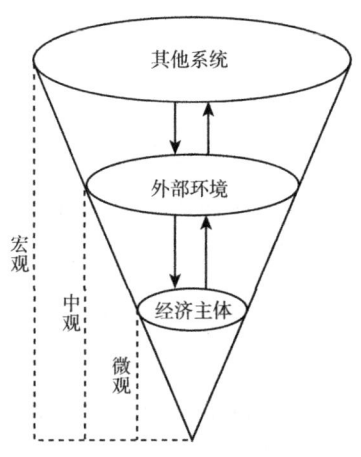

图4-8　专业村集聚发展共演系统结构示意图

因此，本书将专业村集聚发展的共演系统从三个层面来解构：

（1）微观主体层面

微观主体层面主要由直接或者间接产业经济活动的主体构成，包括专业户、企业、专业合作社、专业协会、金融机构、培训机构、科研机构、政府机构等。各种微观实体之间的关系是互相影响、相互牵制的，而这种影响和牵制大多又具有系统的随机特征。如专业户在选择何种专业项目时会受到其他专业户的影响以及政府政策的影响，在专业项目推广上，是否要进行规模的扩张则会受到合作社、专业协会、金融机构、科研机构等其他主体的影响，又由于每个专业户的个人特质（如年龄、性别、学历等）不同，其影响程度也不尽相同。

（2）中观实体层面

中观实体层面是由微观主体与其外部环境（自然环境、经济环境、政策环境、制度环境、社会文化环境、科技环境等）共同构成的层级。微观主体受到外部环境的影响和制约，同时，微观主体的经济活动也会反过来影响其所处的外部环境，二者在相互掣肘的过程中共同演化。例如，专业户与企业以及专业合作社的分工协作有利于当地产业环境的改善，产业环境对市场竞争环境、科技环境甚至制度与政策环境都会产生一连串的影响，进而导致整个区域的外部环境演变，而这些环境的演变又会反过来作用于经济主体之间的分工与合作。

（3）宏观系统层面

宏观系统层面由专业村集聚区与本地非集聚区两大系统构成的共同演化系统。专业村集聚区与本地其他经济空间并不是完全割裂的，而是紧密相关、相互作用的。它们之间既有共享共生的合作关系，也有非此即彼的竞争关系，二者在竞争与合作中共同发展。

由此，以上三个不同层面构建了专业村集聚发展的共同演化系统及其逻辑结构。值得一提的是，以上三个层面的系统不仅其内部要素相互作用，三个层面之间也存在着相互影响和作用的关系，共同构成了一个系统性互动过程与结构。

4.4.2 理论模型

（1）共演互动过程机理

专业村集聚演化的过程是由不同层级、不同时间维度、不同空间维度的系统演化构成的，与其他经济演化的过程一样，是由有限能动主体无知与有知共同演化而成的（Hayek，1945；白瑞雪，2012），具有较强的随机性。因此，本书借用 Watts（1999）的三分法，基于微观主体选择互动对象的随机概率 P，分析共演互动过程（见表 4-1）。根据随机概率 P 的三种情况，将专业村集聚发展的共演互动过程分为三个大的发展阶段。

①当 $P=0$ 时，从概率的含义来看，为不可能事件。在本书中隐含的意思为微观主体选择互动对象完全不是随机的，而是有固定的规则与对象。这种情况出现在共演的萌芽形成阶段，微观经济主体仅与少数

的几个对象互动合作，且关系比较稳定。这是由于在此阶段，微观经济主体之间尚没有取得广泛而紧密的联系，更没有形成有利于其互动的外部环境，它们之间只能通过地缘、亲缘等较为原始的接触方式，在相同能级的主体之间进行有限联系。例如，此阶段大部分的专业户只是和本村以及邻近村庄的其他专业户进行联系，与企业的联系渠道还比较少甚至还没有建立联系，由于还没有形成一定集聚规模，专业协会和专业合作社尚未形成，因此，它们之间的互动多是经验积累式的试探性学习，交流的方式多为茶余饭后、走亲访友过程中的非正式交流。此阶段的演化发展速度较慢，规模效应尚未凸显，虽然在一定的空间范围内形成了专业化生产，但其规模不够大，专业化程度不高。在此阶段，由于专业户的市场概念薄弱，专业知识缺乏，对专业项目的前景认识不足，所以迫切需要政府的政策引导、专业培训机构和科研机构的技术支持以及银行等金融机构的资金帮助。但是在此阶段，这些愿望尚未付诸行动，随着微观主体之间互动的逐步增多，会逐渐建立起更为广泛的联系网络。

②当 $0 < P < 1$ 时，从概率的含义来看，为随机事件。此阶段专业村集聚主体之间以及与外部环境之间共演型互动的随机性增加，专业村集聚区与非集聚区的互动也逐渐进入成长阶段。微观主体之间不再局限于早期基于亲缘和地缘的联系对象，而是积极寻求更有利于自身发展的互动网络。互动层级也不仅限于微观层面，中观层面的经济主体与外部环境的相互作用也越来越多。一方面，经济主体之间的互动增多对外部环境产生了一定的影响，例如，随着专业户规模的扩大，将可能遇到资金发展的瓶颈，因此需要向金融机构寻求帮助，然而农户向银行申请贷款会有各种障碍（如缺乏合格的抵押品），而这种农户的融资需求也不是仅靠金融机构就可以解决的，鉴于农业生产的高风险、低回报率、生长周期较长等特征，作为具有营利性质的金融机构不愿承担风险，因此，就需要有相应的政策与制度环境来保障农户与金融机构双方的权益。这一现象就反映了因为微观主体之间的互动需求而催生的对外部环境的需求。同样地，外部环境在满足这种需求的同时，也会影响微观主体之间

的互动。在上面的例子中,政府通过构建一系列的政策保障制度(如加强农村金融立法、创新农村信贷担保等),使专业户的贷款需求得到满足,专业项目得以扩大规模发展,金融机构的合理利益得到保障,金融秩序得以有序发展,微观主体之间的联系日益增多,逐渐形成联系网络,联系对象的增多也增加了联系的随机性概率。在此阶段,以经济主体的非正式交流的方式已经不再成为主导,而代之以主动的、有目的的正式交流为主,以政策引导为主的发展模式也逐渐被市场机制引导为主的模式取代。

③当 $P=1$ 时,从概率的含义来看,为必然事件,在本书中的含义为完全随机互动。此时,共演系统进入相对成熟稳定的发展阶段,全面的多层级互动已经实现。一方面表现为各层级内部的互动交流频率增多,交流层次不断提高,尤其是微观主体的专用知识进一步增加,且知识的可编码化程度提高,同类主体之间的模仿较易发生,竞争也日趋激烈;另一方面表现为各层级之间的互动也不断加强,专业村集聚发展的外部环境在微观主体的互动中日益完善,与非集聚区的联系也逐渐紧密。在此阶段,共演系统在稳定发展的基础上将走向转型阶段,市场机制的作用逐渐成熟,但是在发展战略上尚需要政府政策的引导和制度上的保障。

表4-1 多层级多阶段共演模型互动的阶段特征

互动模式	互动阶段	互动层级	互动方式	互动频率	主导机制
有限互动($P=0$)	形成阶段	微观	非正式、经验交流	低	自发为主、政府引导
随机互动($0<P<1$)	成长阶段	微观、中观	正式、专用知识	较高	市场机制
完全随机互动($P=1$)	成熟阶段	多层级	正式、知识编码化	很高	市场机制、政府引导

专业村集聚的多层级多阶段共演型互动的逻辑体系如图4-9所示。不同层级在不同的互动阶段发挥不同的作用,阶段转换是一个互动融合与跃迁的过程。图中实线表示的是该系统理想发展的跃迁过程,但实践中并不是严格按照这一逻辑进行演化的,若由于某些内外部因素导致不能实现在某一阶段的转换、融合与跃迁,这时系统的发展将可能走向中

断（如图中虚线所示）。在实践中也确实存在专业村及专业村集聚区由于资源限制、市场因素、政策因素等导致的专业村及集聚区的衰败甚至消失的情况。而互动能否良好持续地按照理想模式发展下去，则主要取决于导致该系统演化的动力机制。

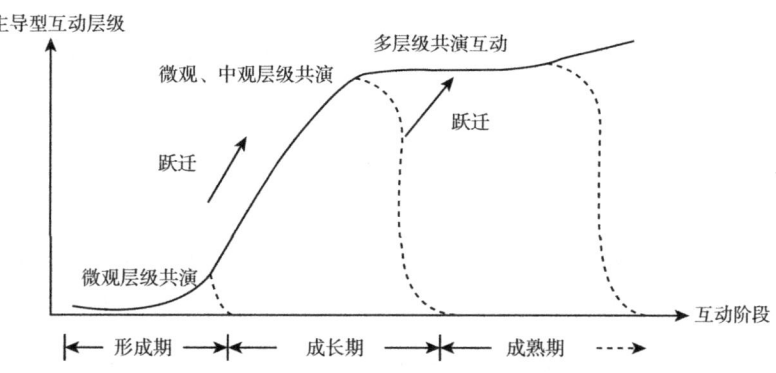

图 4-9 多层级多阶段共演互动的逻辑过程

（2）共演互动动力机制

专业村集聚系统共同演化的实现是系统各层级各主体之间的自组织结果，而之所以能实现这种自组织的演化发展，则是因为系统内生的一套动力机制（Weber，1996），如图 4-10 所示。

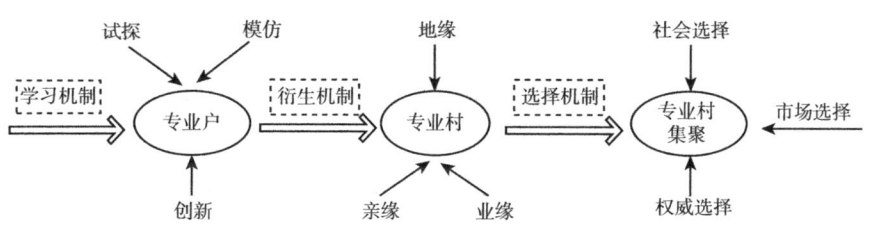

图 4-10 共演互动动力机理

①学习机制。专业村集聚的演化是一个由点到面的过程，从最初的单个专业户到专业村再到专业村集聚的不断演化过程中，微观主体之间的学习及学习机制起到了重要的推动作用。学习机制是指有限能动主体基于对环境的适应性而作出的对"惯例"进行"搜寻"的过程（杰克，

2003）。这一"搜寻"的过程有三种方式：试探、模仿与创新。试探性学习是对环境的了解过程，一般发生在互动形成阶段。由于对环境认识的不确定性，各微观主体只能根据自身情况进行摸索和尝试，在不断的试错中，有一些微观主体找到了与外部环境相匹配的发展模式，并逐渐成为领导型的活动主体；随后，初步取得成功的少数主体成为其他经济主体模仿的对象，模仿学习在短期内能取得较大的利益，对于模仿者来说，可以降低其试错成本，而对于被模仿者来说，其他人参与到同类产品的经济活动中，可以扩大该产品的规模而达到规模效益，但是长期来说，模仿所带来的恶性竞争的劣势逐渐突出并损害各方利益；此时，部分经济主体会率先跳出这一恶性竞争的圈子，通过创新学习获得创新收益，而且这一学习往往存在于共演系统的成熟阶段，外部环境也会自组织地配合创新学习，为整个区域的升级跃迁做好准备。学习机制对应于达尔文主义的遗传机制与变异机制，试探性学习与模仿性学习主要靠"遗传"的延续与复制，而创新性学习则对应于"遗传基因的变异"，变异的作用使经济行为更加多样化。

②衍生机制。专业村集聚演化的模式往往像"滚雪球"一样，通过一个专业户到一个专业村再到多个专业村及关联企业、专业合作社的共同演化发展，其内在的动力机制是微观主体的衍生机制在起作用。专业村集聚与产业集聚不同的是，它是在村域和本地文化的基础上发展起来的，"熟人社会"为衍生提供了较好的氛围，地缘、亲缘等社会关系网络使微观经济主体之间的关系密切，有利于形成较为深厚的非正式联系，便于技术知识和经验的传播和溢出。当然，专业项目的衍生并不单纯是经济主体的自发行为，当地的资源环境、经济条件、社会文化氛围以及政府政策等外部环境也是衍生能否顺利展开的先决条件。

③选择机制。选择机制体现了生物演化的"优胜劣汰"机理，在专业村集聚演化系统中，选择机制体现在三个方面：一是市场选择，主要是具有异质性的经济活动主体（专业户、关联企业、经济组织等）在竞争市场中，由市场机制对其进行选择；二是社会选择，专业村集聚

系统不是单纯的市场经济系统，其发展的土壤根植于"熟人社会"，因此，经济主体之间的"关系"也是他们之间选择合作与否的重要因素；三是权威选择，体现了政府主导的发展战略与制度措施对区域整体专业项目的规划与抉择，例如，对于一个县域单元来说，全县的产业空间布局除了受到各个乡镇本身的资源约束和基础产业优势的影响之外，更重要的受到政府行政规划和相关政策的引导。

4.5 本章小结

专业村集聚的演化是一个复杂的系统演化过程，在这一过程中，多层级不同要素在不同的时间维度和空间维度发挥着不同的作用，专业村集聚演化趋势是系统中众多合力共同作用的结果。

在其形成初期，这一集聚主要是由"第一自然"作用形成的，集聚往往根植于自然资源禀赋良好和具有区位优势的区域，但随着集聚不断增强，规模报酬递增效应的作用再加上技术进步的作用，集聚过程进一步根植于"第二自然"即经济、社会等要素中，并随着时间的推移，不断动态演化。专业村集聚的"根"往往首先是由"物"这一要素决定的。具备了根基，能否"植"入某一区域，则主要受到"人"的因素的影响。区域经济主体的预期行为是一个重要因素，它会推动系统的自增强机制，行为主体的自组织行为与特定要素禀赋所导致的空间非均质往往是一致的，并产生路径依赖，这也是专业村集聚演化的起点。

分工、专业化与规模经济则是决定专业村集聚的"第二性"要素。单个专业村内部，从事主导产业的专业户规模扩大到一定程度，可以降低单位产品的成本，产生内部规模经济；这种规模经济的效应具有辐射性，会带动地理邻近的村落进行效仿，随着从事相同产业生产的专业村数量的增加，会催生本地化经济（Localization Economy），即产生专业化的劳动力市场、服务市场以及中间产品市场，从而进一步降低交易费用等成本，这就是外部规模效应；内部规模经济和外部规模经济仅是"量"的规模，而不同规模的经济实体之间的联系和配比，形成结构上的联系，才是"质"的规模。专业村集聚中的横向规模扩张和纵向的"前向联系"和"后向联系"共同作用，各种作用力不断循环累积，共同推动着集聚的内生演进。

集聚本身就会带来外部性，其中，市场邻近效应和成本关联效应会带来正外部性（经济主体作为劳动力和消费者，其集聚既有利于市场需求的扩大，又有利于人力资本的积累），拥挤效应则会导致负外部性，而外部性的解决又需要政府的干预。因此，"集聚—外部性—政府作用"形成了一个循环，集聚产生外部性，外部性的出现则要求政府的介入，对现有制度重新调整，而新的制度对集聚又会产生一定的影响，这一影响可能会产生新的外部性，如此不断循环，专业村集聚在内外两种驱动力的作用下不断地打破一个又一个均衡，不断演进发展。

集聚处在多种力量和行为层次的交界面。专业村集聚的演化受到不同层级行为主体的共同作用，包括直接参与经济活动的专业户、专业合作社及专业协会等中介组织、企业，间接参与经济活动的银行等金融机构、培训机构、科研机构等，影响经济活动的政府机构等，而这些主体又共同受到其所处的各种自然、经济、社会、文化等大环境的影响，并与这些环境共同构成一个更为宏观的共同演化发展的系统。

5

河南太行山麓专业村集聚测度与演化特征

在课题组多年跟踪调研的基础上,选取河南太行山麓为研究案例区。首先判别该区域是否存在专业村集聚,在确定存在集聚区的情况下,进一步确定集聚区的空间边界,刻画空间上集聚演化的特征;然后再深入剖析专业村的功能集聚,探讨专业村在功能上的集聚演化特征。通过对专业村集聚外延与内涵的探讨,从实证的角度验证专业村集聚演化的阶段性规律,为下一章进一步探讨其演化机理奠定基础。

5.1 案例区选取与数据来源

5.1.1 案例区选取

本书选取的案例区为河南太行山麓专业村集聚区,选择的依据有:

(1) 根据其自然地理属性,具有典型性

太行山为多个界面交会之处,具备界面的边缘性、过渡性、异质性、复杂性等特点(李克煌等,1996;乔家君,2011)。首先,太行山是重要的交通界面。山地受拒马河、滹沱河、漳河、沁河等切割,多横谷,当地称为"陉",古有"太行八陉"之称,为东西交通重要孔道。其次,太行山是重要的自然地理界面。它既是中国地理第二、三级阶梯的分界线,也是中国半湿润区和半干旱区的分界线,同时还是华北平原和黄土高原的分界线。最后,太行山是天然的行政界面。太行山麓为山西、河北、河南三省行政区交界地域。太行山麓独特的自然地理特征,也为其专业村发展提供了典型的成长环境(见图5-1),沿太行山麓形成了点、线、面不同程度的专业村发展集聚态势,其中集聚最为集中的为河南省内的专业村(数据来源为农业部"一村一品"专业村统计调查系统)。

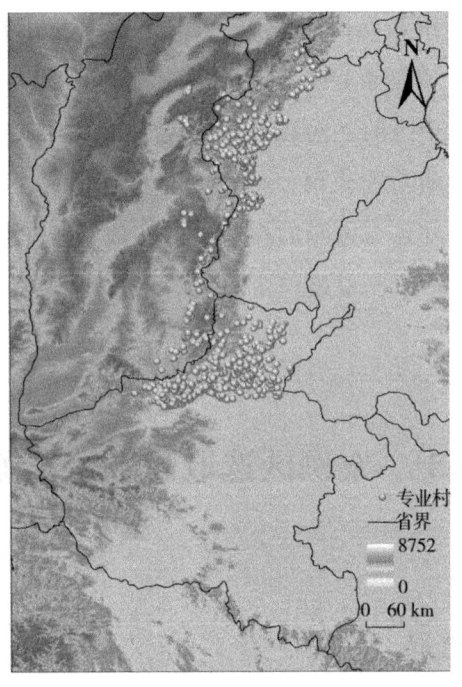

图 5-1　太行山麓专业村分布情况

（2）根据已有研究成果选择，具有科学性

从河南省专业村整个发展状况来看，河南境内太行山麓专业村集群发展也较为显著。Qiao 等（2016）根据 2008 年河南省专业村统计数据、专业村的地理坐标数据和主导产业确立时间数据，通过 Satscan 软件进行时空集聚探测，观察到专业村经常位于包括"城市—农村"和"平原—山区"交界的过渡地带，以及行政区的边缘地区。各专业村集聚区的分布如图 5-2 所示，其中突出显示的两个集聚区（太行山麓集聚区和平顶山集聚区）通过了显著性检验，尤其是太行山麓集聚区不仅专业村数量庞大，集聚也最为显著。因此，本书选择太行山麓集聚区作为研究区域，具有案例区选择的科学性。

（3）根据其专业村发展背景，具有代表性

根据农业部"一村一品"专业村统计调查系统数据，进一步在地级市尺度对河南太行山麓专业村的空间分布进行考察，发现集聚比较显

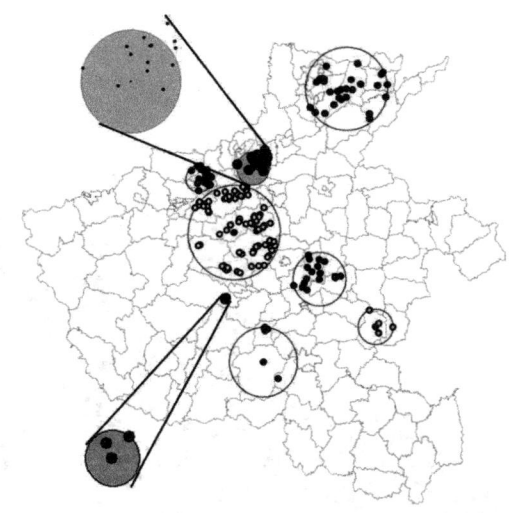

图 5-2　河南省专业村集聚分布

资料来源：Qiao 等，2016。

著的区域以焦作市、新乡市为主（见图 5-3）。课题组在对河南省专业村的持续研究中发现，与河南省大多以农业型专业村集聚区不同的是，该区内专业村类型多样，除了传统的种植业、养殖业、林业、水产业等为主的第一产业主导的专业村，还出现了农产品加工业的第二产业主导的专业村，以及涉农服务业和非农产业等第三产业主导的专业村，甚至有三产融合发展的趋势（见图 5-4）。

实地调研中发现焦作市、新乡市的专业村发展已经出现了产业融合的局面。例如，焦作博爱县以蔬菜种植业为主导产业，逐渐发展起"产地+批发市场+电商平台"的产后一体化模式；焦作温县以特产种植（铁棍山药）为主，逐渐带动周边武陟县、沁阳县发展的怀药种植、加工、销售、运输等产业的发展；焦作修武县依托云台山风景区，发展农家乐、餐饮、娱乐等旅游产业，并开发特种野猪养殖、红石峡土特产等特色产业，与林业、观光农业、农产品加工业等形成较为密切的产业融合；新乡市原阳县依托传统水稻种植，发展草编业、特色养殖等庭院经济，并逐渐延伸产业链，出现了农产品加工、运输的专业村。结合本

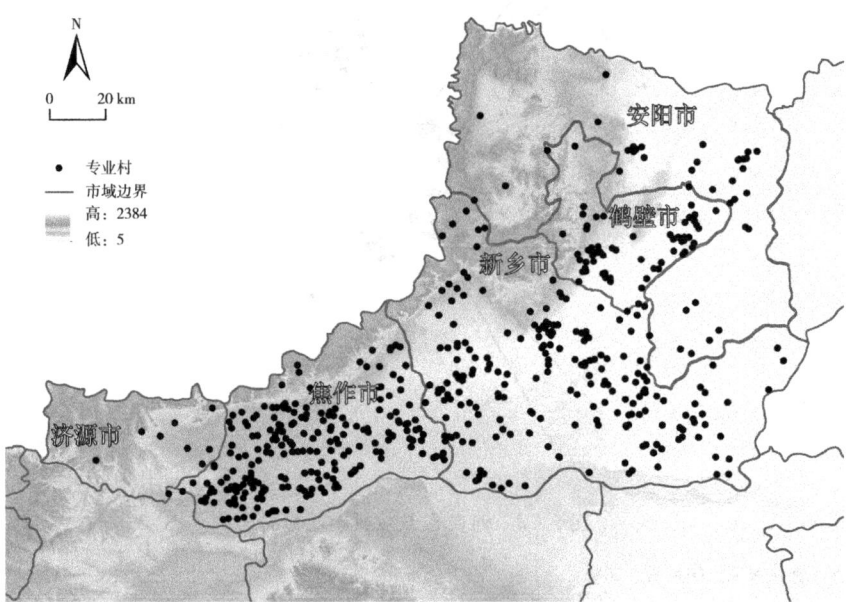

图 5-3　河南太行山麓专业村分布

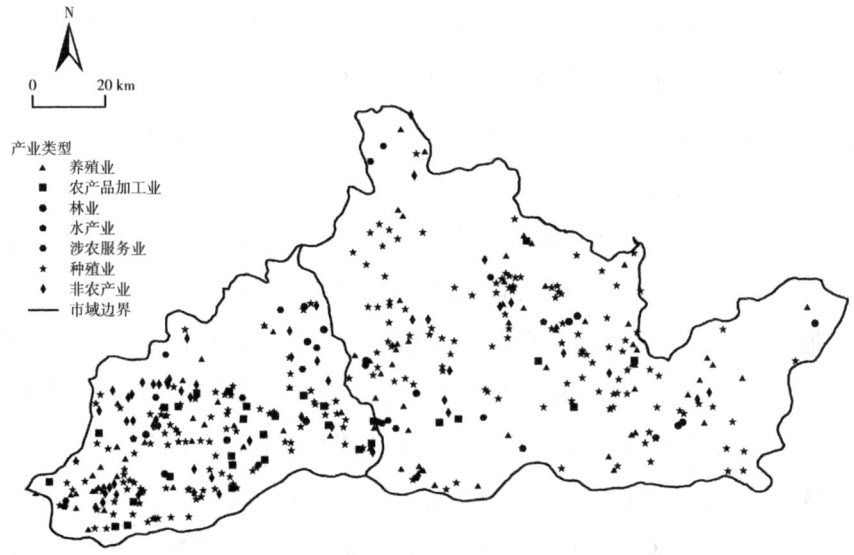

图 5-4　案例区专业村产业类型

书的研究目的来看，本区域具有研究的代表性。

综上所述，选取河南太行山麓作为本书的案例区，主要包括河南的安阳、鹤壁、新乡、焦作、济源等5市。根据农业部"一村一品"专业村2008年统计调查系统数据显示，该区共有专业村553个，其具体区位和专业村空间分布情况如图5-5所示。

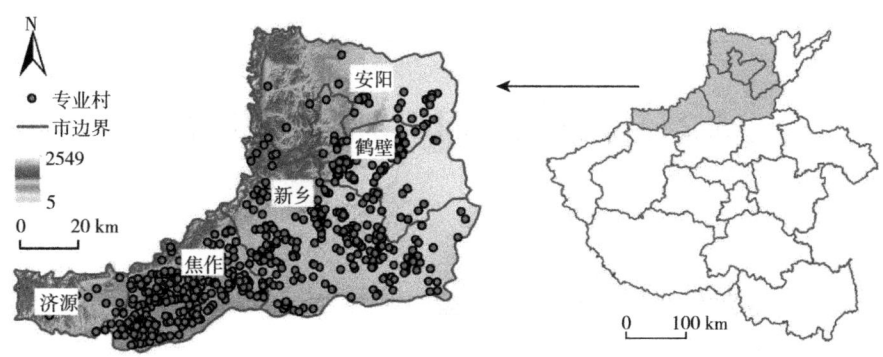

图5-5 案例区区位与专业村分布

5.1.2 数据来源

研究所需数据主要有空间数据和属性数据两类，既有二手资料，也有一手资料。

空间数据来源包括：(1) 地图、地形图，包括河南省地图、案例区精确到村级地图，用于矢量化，主要通过与相关行政部门沟通，由其提供地图资料，自行矢量化。(2) 遥感数据，主要用于空间分析，相关数据主要来源于国家地球系统科学数据共享平台 (http://www.geodata.cn/) 及黄河下游科学数据中心 (http://henu.geodata.cn/)。

属性数据来源包括：(1) 统计年鉴，包括河南省统计年鉴、县域经济统计年鉴、研究案例区地市级、县级统计年鉴；(2) 农业部"一村一品"专业村统计调查系统数据 (2008—2016年)；(3) 课题组从2008年开始对河南省专业村进行长期的跟踪调研，已建立了较为完善的动态数据库；（4）本书针对案例区的调研数据。课题组分别于 2016 年 11 月、2017 年 7 月、2017 年 11 月多次深入案例区进行调研①，调研时间跨度为一年多，历经初步调研、预调研、正式调研等步骤，通过访谈、座谈、问卷调研等多种方式，对案例区 5 县 15 个乡镇 33 个村进行实地调研，发放问卷 553 份，获取有效问卷 407 份。

5.2 集聚区空间识别及演化特征

5.2.1 专业村空间集聚理论模型

专业村集聚的直观特征是空间上的集聚，且空间上的集聚是一个渐进的动态过程，如图 5-6 所示。由于特殊的自然资源、独特的地理区位、能人作用及历史的偶然性等因素（李小建等，2009）引致农区的产业化首先在某一村庄产生，该专业村发展一段时间，若产生良好的经济收益，则会产生示范效应，通过一定的扩散廊道辐射其他普通村发展该专业项目。随着辐射村庄的增多，专业村逐渐成为区域发展中的经济高地和凸起点，农区经济不再是均匀分布的，以扩散源的

---

① 调研的具体情况为：2016 年 11 月，在根据农业部"一村一品"专业村统计调查系统数据（2008—2014 年）进行集聚区空间边界测定的基础上，选定了焦作市的武陟县、修武县、温县、博爱县、孟州市作为研究案例区，由作者到上述五县（市）进行初步调研，调研目的主要为了解该区域经济发展基本情况和专业村发展基本情况，调研走访的主要对象为上述县（市）的政府部门和典型专业村的村干部、专业户；2017 年 7 月，在进行初步问卷设计的基础上，由作者和所在研究团队的硕士研究生到案例区进行预调研，调研目的为判定调研问卷的合理性和科学性，调研对象为县、乡级政府部门以及专业村；2017 年 11 月，在预调研之后对问卷进行了适当的修改和调整，在此基础上，由作者和所在研究团队的硕士研究生到案例区进行正式调研，调研目的为获取本研究所需数据。

村庄为中心，零星点状的专业村逐渐连接成片，形成"中心—外围"的集聚形态。这一集聚形态并不是静态的，而是随着专业村数量的增多，规模的壮大，处于外围的专业村逐渐成为中心，更大的外围区逐渐受到辐射，导致"中心—外围"空间结构处于不断的变动之中。至于空间演化扩散廊道的方向、扩散的速度等则受到专业村之间功能与联系的影响。

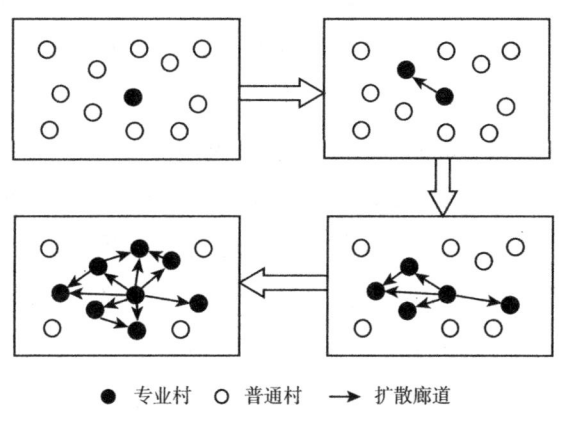

● 专业村　○ 普通村　→ 扩散廊道

图5-6　专业村空间集聚演化示意图

5.2.2　专业村空间集聚测度模型

对专业村集聚的空间计量需要分为两步：首先需要测度出某一区域是否具有空间上的集聚性、集聚程度如何；若具有显著的集聚性，则可以进一步探测更为具体的集聚区域。空间自相关模型用于测度空间事物的分布状态（Cliff等，1973），其中，全局空间自相关体现了一定空间范围内相似属性的平均集聚程度，而局部空间自相关则能够进一步探测出集聚区的具体地理分布（葛莹等，2005）。因此，探索专业村集聚的空间分布时，先利用全局空间自相关探索是否存在集聚，如存在集聚区，则运用局部空间自相关获知集聚区的具体位置。全局空间自相关常用 Moran's I 来统计：

$$I = \frac{\sum_{i=1}^{n}(X_i - X)}{S^2 \sum_{i=1}^{n}\sum_{j=1}^{n} W_{ij}} \quad (5-1)$$

其中,$S^2 = \frac{1}{n}\sum_{i=1}^{n}(X_i - X)^2$,$n$ 为观察样本数目,X_i、X_j 为位置 i 和 j 的观察值,W_{ij} 为空间权重。若 I 显著大于 0,则表明集聚程度较高,且 I 值越大,集聚程度越高;若 I 显著小于 0,则表明相邻地区存在明显差异,且 I 值越小,差异越大;若 I 趋于 0,则体现出无规律的随机分布状态。

局部自相关的常用计量模型如局部 Moran's I、局部热点分析（Local Getis – Ord G_i^*）、优化的热点分析（Optimized Hot Spot Analysis）等。其中,优化的热点分析能自动识别适当的分析范围,并能够纠正多重测试以及空间依赖性,在探测具体集聚高值（热点）和低值（冷点）的空间聚类中有着很好的效果（刘浩等,2017）。有研究表明,受汤放华等（2013）研究城市集群的启发,认为优化的热点分析的"自动"功能使其在研究不同空间尺度的聚类特征时具有更为广泛的适用性,而专业村集聚也具有尺度效应,因此,采用该方法研究专业村集聚的空间特征较为合适。其公式为：

$$G_i^* = \frac{\sum_{j=1}^{n} W_{ij}(d) x_j}{\sum_{j=1}^{n} W_{ij}} \quad (5-2)$$

检验的标准化统计量为：

$$Z(G_i^*) = \frac{G_i^* - E(G_i^*)}{\sqrt{VAR(G_i^*)}} \quad (5-3)$$

其中,$W_{ij}(d)$ 为空间权重矩阵,x_i 和 x_j 为观测位置 i 和 j 标准化后的属性值。在显著的前提下,若 Z 值为正,则为热点区;反之则为冷点区。

5.2.3 河南太行山麓专业村集聚区空间识别及演化特征

(1) 全局自相关

利用 ArcGIS10.2 软件进行全局自相关分析,结果如表 5-1 所示。从整体上看,四个年份均通过了显著性检验,P 值均为 0.000,且 Moran's I 指数均大于 0,为正相关关系,说明河南太行山麓专业村存在空间集聚现象。Moran's I 指数介于 0.2—0.4 之间,表明专业村集聚程度尚不是很高。从时间尺度的演化来看,2008—2016 年 Moran's I 及 Z 得分的值均逐渐增大,体现了专业村集聚程度不断提高,专业村向集聚趋势发展。

表 5-1　　　　　　　　全局自相关分析结果

年份	I 指数	Z 得分	P 值
2008	0.225	8.371	0.000
2010	0.228	8.672	0.000
2012	0.230	8.769	0.000
2014	0.329	12.150	0.000
2016	0.335	12.431	0.000

(2) 优化的热点分析

全局自相关表明河南太行山麓呈全局空间集聚格局,但仅反映了总体情况,为了进一步探测集聚区的具体范围、位置及空间演化规律,利用优化的热点分析方法识别,热点区为高高集聚区,冷点区为低低集聚区。在 95% 的显著水平下,优化的热点分析结果如图 5-7 所示 (此部分出现的地名可参考图 5-5)。

①从集聚区范围上来看,热点区域范围逐渐扩大,从 2008 年的 34 个乡镇到 2016 年的 92 个;范围扩展的增幅明显,尤其是从 2010 年的 39 个到 2012 年的 70 个,集聚区涵盖的乡镇规模大幅扩大。

②从集聚区的具体位置来看,热点及次热点区域主要集中在焦作市

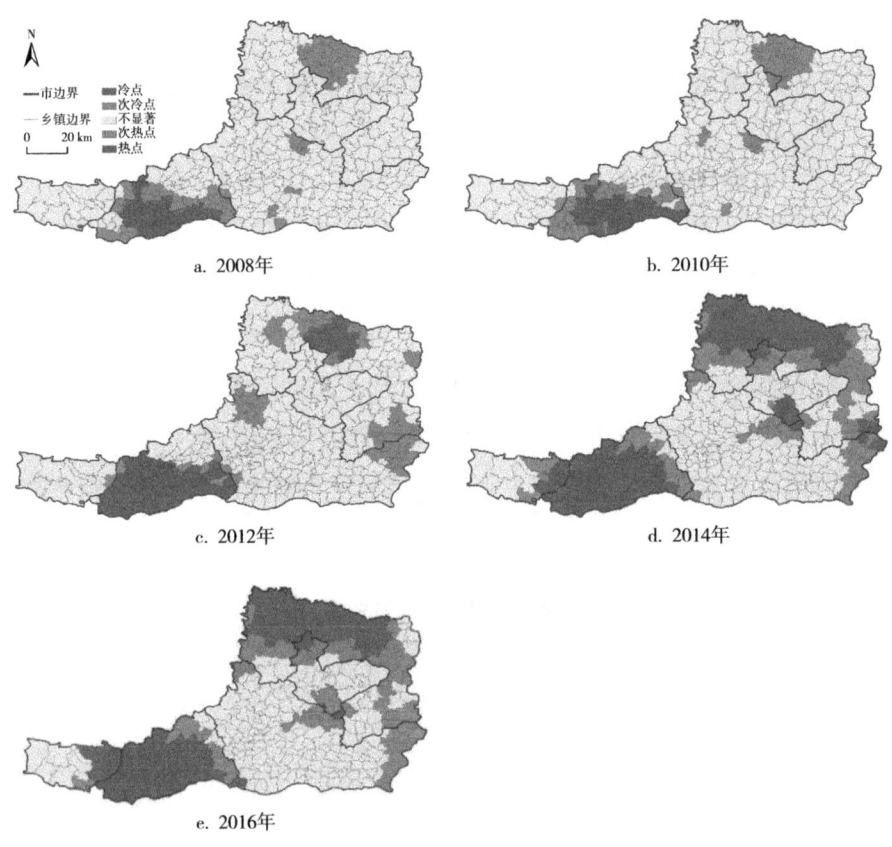

图 5-7 集聚区空间演化

和新乡市部分地区，冷点及次冷点区域主要位于安阳市。

③从集聚区的空间演化来看，热点与次热点的演化沿着"中心—外围"的路径扩散，主要集中在焦作市境内，2008年热点区主要集中在焦作市部分县域，次热点区在热点区外围，二者沿着"中心—外围"的路径扩散，到2014年，热点与次热点区域几乎覆盖了焦作市整个市域范围，2016年，热点与次热点区域已经较为稳定；冷点与次冷点区域由零星散布到逐渐连片，主要在安阳市境内，2008年次冷点为安阳市辖区，2012年在安阳与新乡交界区域形成两个新的次冷点连片区域，从2014年开始，冷点与次冷点逐渐连接成片，几乎覆盖了安阳市整个市域范围，并向与之交界的新乡市扩散，到2016年，冷点与次冷点区

域亦较为稳定。

研究表明,地理环境在专业村集聚初级阶段起到主导作用(李小建等,2008)。河南太行山麓专业村集聚区主要集中在焦作市,尤其是2008年主要集中在焦作市两个县(温县、武陟县),在调研中了解到,主要是由于两县所处的特殊地理位置,两县属黄河、沁河冲积平原,且北依太行,形成了独特的适合种植铁棍山药等特色怀山药的地理环境。随着村域中能人带动及政府的支持,专业村逐渐由点到面,形成集聚区,并由于产业链的延伸,带动周边县域。案例区中,随着两县怀山药的发展,周边县域也逐渐形成山药加工、运输等专业村,集聚区规模扩大的同时,功能上的联系也日趋紧密。

5.3 专业村功能集聚测度与演化特征

5.3.1 专业村功能集聚理论模型

专业村在空间上的集聚形态只是表征了集聚的广度,是对专业村集聚概念外延的表达,而集聚内部专业村之间的联系程度则体现了集聚的深度,是其概念内涵的表达。现有研究成果表明专业村形成往往是通过"能人带动+模仿者参与+政府规划推动"的扩散模式,在这一过程中,模仿者不仅局限于本村,还通过"亲缘"和"地缘"优势扩散到周边村庄。村庄内部农户间的扩散是在较为均质的空间中,无论是自然资源还是经济、社会资源差异均不大,所以扩散以单纯的模仿为主,缺乏创新(高更和等,2011)。但专业项目在村际扩散中,单纯的模仿会带来规模不经济,势必会使这些村庄根据本村的资源优势以及市场行情进行创新,在横向一体化的基础上发展纵向一体化,专业村之间的关系在"亲缘"和"地缘"的基础上增加了"业缘"关系，形成集聚网络化（见图5-8）。

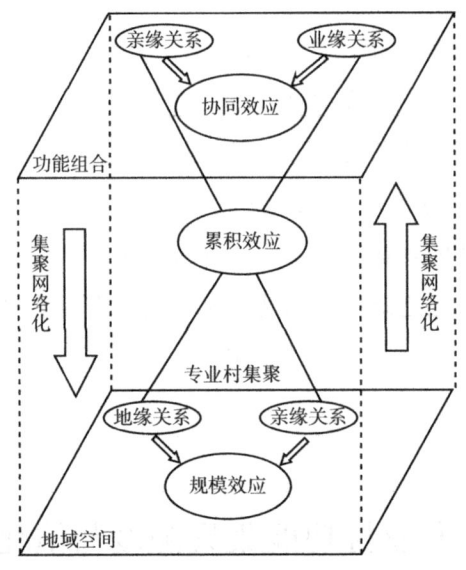

图5-8 专业村功能集聚演化示意图

以种植业为例，若多个村庄种植同一种作物，可能会导致供给过剩，进而使农户收益受损，因此在市场机制的作用下，模仿村庄会自发地根据市场行情进行创新，或者更换种植类别，进行差异化生产，或者延长产业链，拓展前向、后向关联产业，如提供产前的种子、化肥、农药销售，产中的农机服务，产后的销售、物流、加工等配套服务。这样，专业村集聚不仅是空间上的地理集中产生规模效应，而且功能上的紧密联系产生协同效应，多种力量形成合力，形成一个功能上交叉的网络结构，累积效应更加凸显，产生集聚效应。

5.3.2 专业村功能集聚测度模型

集聚区专业村功能上的联系构成了边界明确的网络结构，该集聚网络中，专业村为节点，专业村之间的联系是网络节点间的连线，节点与连线的空间组合表征了其网络结构。该网络结构体现了专业村之间复杂的联系属性,同时网络结构也会影响专业村的个体行为,探讨其网络结构对于洞悉专业村集聚特征具有一定意义。对集聚区专业村的网络联系程度测度从以下两方面开展。

(1) 专业村个体联系强度测度

引力模型广泛应用于空间相互作用的研究(李陈等,2016),该模型的一个重要特点是,在其基本模型的基础上,可以根据研究问题的不同,对变量和参数做适当的定义和调整。基本引力模型为:

$$F_{ij} = k \frac{M_i M_j}{D_{ij}^b} \tag{5-4}$$

其中,F_{ij}是两经济体 i,j 之间的引力,M 为经济体的"质量",D 为空间距离,k 为经验常数,b 为距离衰减系数。

引力模型已广泛适用于乡镇及村际尺度的研究(杜相佐等,2015),本书探讨集聚区专业村间的功能联系,可以应用引力模型。理论分析指出,功能联系主要通过"人—地—业"三个方面形成联系网络,因此专业村"质量"的表征应侧重这三方面。人口规模可以作为测度"人"这一要素的代理指标,土地面积可以表征"地"这一要素,产业产出可以表征"业"这一要素。结合以上研究,本书认为专业村的发展质量与村域面积、从事主导产业的人口以及主导产业经济产出相关。对于距离的测度,本书采用最短公路交通里程表征距离值。Taaffe (1962) 发现联系强度与距离平方成反比,因此通常将距离衰减系数 b 定义为 2。由于两专业村的联系并不完全对等,且主要以经济联系为主,因此,经验常数 k 采用主导产业产出占两专业村主导产业产出之和的比重来修正。

因此,专业村联系强度测度的表达式为:

$$F_{ij} = k_{ij} \frac{\sqrt[3]{S_i P_i I_i} \times \sqrt[3]{S_j P_j I_j}}{D_{ij}^2}, \quad k_{ij} = \frac{I_i}{I_i + I_j} \tag{5-5}$$

其中,F_{ij}为专业村 i,j 之间的联系强度,S 为专业村行政区面积,P 为从事主导产业的人口数,I 为从事主导产业的年收入,D 为专业村之间最短公路交通距离，k 为经验常数。

(2) 网络结构特性测度

社会网络分析（Social Network Analysis，SNA）为研究专业村集聚网络结构提供了精致的分析工具。该方法通过代数模型技术与图论工具，探讨群体的结构以及成员间的互动关系（于洪雁等，2015）。本书采用社会网络分析法，通过分析其网络密度和网络中心性测度专业村集聚网络的结构特性，直观地展示集聚区专业村之间联系的演化过程。

其中，网络密度主要探讨节点间的联系程度，既可以反映网络整体对个体的影响，也可以反映个体间的相互影响程度。网络密度的表达式为：

$$D = \frac{\sum_{i=1}^{m}\sum_{j=1}^{m}d(n_i,n_j)}{m(m-1)} \quad (5-6)$$

其中，D 为网络密度，m 为专业村总数，$m(m-1)$ 表示网络中可能最多的联系数，$d(n_i, n_j)$ 为专业村 i,j 之间的联系数，其总和表示网络中实际的联系数。网络密度值介于 0 到 1 之间，越大则表明集聚网络对个体专业村的影响越大，专业村之间的联系也越紧密。

网络中心性表征节点在网络中的中心性程度，可以从整体（中心势）和个体（中心度）两方面进行测度。中心势表征网络的整体整合度，中心度则计量对个体依赖的程度。测度指标常用程度中心度和中介中心度。

程度中心度可以度量专业村在集聚网络中心位置的程度，该指标表达式为：

$$C_D(n_i) = \sum_{j=1}^{m} F_{ij} \quad (5-7)$$

其中，$C_D(n_i)$ 是程度中心度，F_{ij} 是专业村之间的联系强度。

中介中心度可以度量集聚网络中某专业村作为中介的能力，该指标表达式为：

$$C_B(n_i) = \frac{\sum_{j<m} g_{jm}(n_i)}{g_{jm}} \tag{5-8}$$

其中，$C_B(n_i)$ 是中介中心度，g_{jm} 是专业村 j 到 m 的捷径数。

5.3.3 河南太行山麓专业村集聚功能与演化特征

专业村集聚区外延的分析主要是探究其空间范围的演化，而从专业村集聚的概念上来看，其不仅体现在空间上的集聚，还有专业村之间功能上的联系（吴娜琳等，2014）。在专业村集聚空间演化分析的基础上，选取2008—2016年热点重叠区域中的专业村，以2008年和2016年调研数据为基础，首先利用修正的引力模型测度专业村之间的联系强度，以该指标为基础，采用专业村集聚网络结构模型，利用Ucinet 6软件对专业村集聚网络结构进行测度，结果如下：

（1）网络密度

网络密度体现了网络中个体与整体、个体与个体之间的相互影响和联系紧密度，主要由网络密度和网络集中度两指标来表征，利用 Net-Draw 软件绘制网络密度结构图可以更直观地展现网络结构的联系程度（见图5-9）。2008年河南太行山麓专业村集聚区网络密度和网络集中度分别为 0.3167 和 36.35%，2016年相应指标分别为 0.4400 和 48.73%。从网络密度的程度来看，2008年和2016年网络密度和网络集

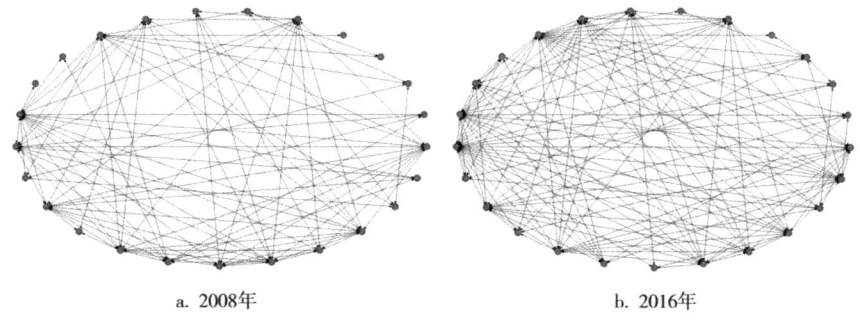

a. 2008年　　　　　　　　　　b. 2016年

图5-9　网络密度图

中度指标的绝对值均低于0.5和50%，反映出河南太行山麓专业村集聚网络的联系紧密度尚不高，还有较大的成长空间和发展潜力。从时间尺度的演化趋势来看，2008—2016年，网络密度和网络集中度均呈上升趋势，表明专业村集聚区网络联系紧密度逐渐增强，整体网络对节点专业村在发展与合作方面的影响逐渐增大，专业村之间的相互作用与联系也逐渐密集，网络的集聚优势逐渐凸显。

（2）网络结构

专业村集聚网络结构主要分析其网络中心性，从整体和个体两个方面来探讨，分别利用中心势和中心度两指标来测度。从计算结果来看（见表5-2）。

表5-2 专业村集聚区网络结构相关指标

年份	点度中心势	中间中心势	点度中心度			中间中心度		
			最大值	最小值	平均值	最大值	最小值	平均值
2008	40.80%	31.55%	17.00	1.00	7.60	94.54	0.00	10.96
2016	48.27%	18.13%	25.00	2.00	11.06	55.22	0.00	17.15

①网络整体结构特征。河南太行山麓专业村集聚区的点度中心势从2008年的40.80%提高到2016年的48.27%，说明专业村集聚趋势有所提高；而中间中心势则从31.55%下降到18.13%，说明作为中介节点的专业村对区域资源和与之有联系的专业村的控制能力有所下降，也就是说，区域资源相对来说更为均衡地配置，而不是被少数专业村垄断，且集聚区专业村之间的相互支配关系也更为均衡。

②网络个体结构特征。点度中心度的最大值、最小值、均值都有所提升，表明专业村之间联系数量增多，联系程度更紧密。中间中心度的最大值与最小值的差距以及平均值均呈现递减趋势，且网络结构图（见图5-10）中亦体现出在2008年较小的节点有所增大，节点大小的层级有所增多，表明集聚区专业村在2008年呈现出高度集中的状况。中间中心度最高的两个村分别为94.55和71.12，而其他均低于20，25个专业村中该指标低于1的有10个，说明集聚网络中个别专业村处于

垄断地位。而2016年最高的两个村该指标有所下降，分别为55.22和47.36，而其他节点专业村中心度则有所提高，低于1的专业村仅有3个，相较于2008年的网络结构，个体差异程度减弱，呈现层级发展趋势。

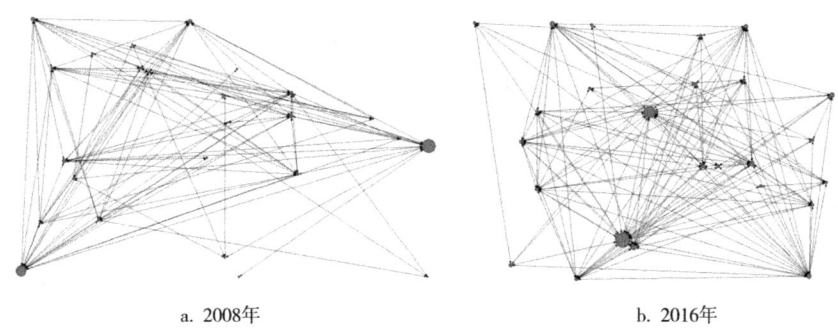

　　a. 2008年　　　　　　　　　　b. 2016年

图 5-10　网络结构图

（3）专业村集聚功能演化阶段

专业村集聚网络结构的上述特征表明，从网络内部功能上的联系来看，专业村集聚过程经历了以下阶段：

①低水平均衡阶段。在专业村集聚初期，各专业村主导产业规模较小，影响范围不大，专业村之间联系较少，更不要说分工合作。

②极核阶段。随着区域内专业村数量的增加，规模的扩大，某些具有独特优势（资源、区位、能人等）的专业村成为该区的"增长极"。而且，此阶段专业村之间的不均衡关系会增进其分工合作的机会，形成初步的职能上的层级关系。

③高水平均衡阶段。在横向一体化方面，随着上述极核专业村规模的扩大，逐渐出现规模不经济，并由此导致"外溢"效应，次级增长中心不断出现并成长。纵向一体化方面，随着专业村之间联系密度的增大，其分工与合作更加细化，在产业链不同环节上形成功能互补的专业村。横向一体与纵向一体的各种专业村之间形成相互依赖、相互制约的相对均衡的网络结构，网络结构的协同效应促使集聚区专业村向更高水平发展，进而推动区域整体发展水平。

5.4 本章小结

以河南太行山麓专业村集聚区作为案例区，对专业村集聚演化机理进行分析。在对专业村集聚概念界定的基础上，分别对专业村空间集聚和功能集聚构建测度模型，对案例区的专业村集聚空间边界进行识别，描述其空间上和功能上的演化特征。得出如下结论：

(1) 专业村集聚的外延（空间）演化往往遵从"中心—外围"模型的路径，由最早发展专业项目且效益较好的专业村向外扩散，由点到面，逐渐形成集聚区。利用构建的测度模型对河南太行山麓的实证分析验证了上述理论设计。河南太行山麓专业村存在空间集聚现象，专业村集聚程度不断提高，专业村向集聚趋势发展，集聚区范围不断扩大，增幅明显。

(2) 专业村集聚的内涵（功能）演化主要受到亲缘联系、地缘联系、业缘联系的影响，逐渐形成横向一体化、纵向一体化、集聚网络化，带来规模效应、协同效应和集聚累积效应，上述联系的共同作用，导致集聚区内部的专业村之间的联系密度逐渐增强。社会网络分析结果表明，网络密度和网络集中度均呈上升趋势，表明专业村集聚网络联系紧密度逐渐增强，整体网络对节点专业村在发展与合作方面的影响逐渐增大，专业村之间的相互作用与联系也逐渐密集，网络的集聚优势逐渐凸显。网络结构分析表明，专业村之间联系数量增多，联系程度更紧密，但个体差异程度减弱，专业村之间的相互支配关系也更为均衡，逐渐由少数专业村极化发展向层级发展进而向网络化发展转变。专业村集聚功能演化经历了低水平均衡阶段、极核阶段、高水平均衡阶段。

6

专业村集聚演化的系统模拟

第 5 章的分析验证了河南太行山麓确实存在着专业村集聚区域,并识别出具体的空间范围,刻画了在空间上和功能上专业村集聚区的演化特征。接下来需要更进一步地分析在整个专业村集聚演化过程中,起到主导作用的要素有哪些?在演化的不同阶段,演化动力有何不同?在未来的一段时间,专业村集聚演化的发展方向如何?什么样的发展策略有助于推动专业村集聚向着有序的可持续发展道路前行?

对于上述问题,构建专业村集聚演化的系统动力学模型进行模拟,以期对其进行深入的探讨。专业村集聚是一个复杂的动态系统,其发展演化过程可以利用系统动力学模型进行模拟。本章重点在于构建专业村集聚演化的系统动力学一般模型,并以此模型对案例区专业村集聚演化机理进行模拟:首先,结合系统动力学模型的特点,讨论其是否适用于专业村集聚的研究;其次,从系统论视角分析专业村集聚演化的动力机理,并构建起系统动力学分析框架;再次,按照系统动力学建模的一般流程,通过绘制要素流因果关系图和系统动力学流图,从定性和定量的角度对专业村集聚演化的机理进行梳理,构建其函数关系式,并设定模型的参数和初始条件;最后,根据所构建的系统动力学模型对河南太行山麓专业村集聚区进行模拟、预测与政策仿真,并在政策仿真的基础上提出有针对性的政策建议。

6.1 模型适用性分析

6.1.1 系统动力学模型的特点

系统动力学将系统组织的运作过程用"流"的方式来表达,如物质流、能量流、信息流、人员流、资金流等。而各种"流"之间的流动由不同功能的变量来表示,主要有以下几种:存量是一个累积量,其数学含义是积分，表示现实中某一种"流"的状态量，如企业的存货量、世界人口总量等；流量是一个速率变量，其数学含义是存量的导数，表示存量随时间的变化情况，如企业存货量的变化率、世界人口的增长率等；辅助变量是描述中间过程、参数值、测试函数的一类特殊变量，如影响企业存货量变化的变量、影响世界人口增长率的变量等。系统动力学的建模方式主要是通过考察系统中"流"的交互作用，利用存量、流量、辅助变量将它们之间的关系通过函数关系和反馈回路的方式进行展示，进而剖析系统内在逻辑关系和作用机理。

系统动力学方法的理论基础是系统科学思想的"凡系统必有结构，系统结构决定系统功能"，它善于从系统的内部结构来寻求系统演化发展的原因，依据系统内部各组成要素的因果反馈关系，追根溯源，找到问题的根源，其研究方法具有以下特点与优势：

（1）系统动力学是一种定性与定量相结合的研究方法。可以通过对现实世界的观察发现事物的因果关系，定性描述系统内部的结构关系，然后再通过量化的方式构建结构各组成部分之间功能上的联系模型，进一步精确描述这一因果关系。

（2）系统动力学在解决非线性复杂系统问题方面具有独特优势，应用范围广。它既可以用于研究具有较为严谨逻辑的自然科学问题，也可以研究精确度不那么高的社会科学问题；既可以研究大尺度的宏观层面问题，也可以研究具体到个体的微观层面问题。

（3）系统动力学对数据的包容性较好。系统动力学既可以处理较为精确的数值数据，也可以处理描述性的主观数据。定量信息和数值数据也被称为"硬数据"或"硬变量"，而那些不好度量或数值信息不易获得的数据（如目标、预期、程度等）则称为"软数据"或"软变量"。一般认为"硬变量"对系统的描述更为精确，相对来说，很多人认为"软变量"不太可靠。但实际上，尤其是对于社会科学的很多系统，对系统决策至关重要的很多变量往往是无法得到其精确数值数据的。如果因为数值数据的不可得而忽略重要影响变量，那么对系统的研究会存在重大的偏差。因此，对于系统动力学来说，其一个主要优势即是可以同时包罗两类数据，并可以通过灵敏度测试来检测变量对系统的重要程度，由此避免因为数据的不可得而造成对重要变量的疏漏。

6.1.2 系统动力学对专业村集聚研究的适用性

基于以上对系统动力学的理论基础和其方法论特点的理解，认为利用系统动力学分析方法来模拟专业村集聚系统具有良好的适用性，原因主要有以下几点：

（1）专业村集聚系统是一个由多要素、多主体、多尺度组成的非线性动态随机演化系统，该系统的发展除了受到外界环境条件的影响之外，更重要的是会受到系统内部主体过去的行为及决策的影响，具有信息反馈的特征。其内在演化逻辑符合系统论的基本思想。

（2）专业村集聚效应的发挥主要依赖于系统内各种"流"的相互作用，其作用机理具有动态复杂性，因此，传统的研究将影响因素"割裂"开来进行单独分析，可能会忽略要素之间的重要关系。而系统动力学的主要分析方法就在于通过"流"的动态分析，将系统结构和系统功能联系起来，摒弃了相互割裂的弊端。

（3）专业村集聚系统是典型的社会科学系统，尤其是其研究区域为农村，研究对象主体主要为农户，研究数据多为调研数据，且很多重要变量属于"软变量"，这样的研究特征要对其定量分析存在一定的困难。而系统动力学良好的数据包容性则解决了这一障碍，可以将该系统中复杂的结构关系较为科学地表达出来，并模拟系统的行为、结构、功能及作用方式，为政策决策提供理论参考。

6.1.3 专业村集聚演化的系统机理

（1）自组织特性是专业村集聚演化的主要动力

一般来说，组织可以按照其进化方式分为两类：自组织和他组织。

如果一个系统组织是依赖外部指令而形成的,这样的系统为他组织系统;如果不依赖外部指令,系统内部自发地按照某种规则自动地形成有序的结构,则这种系统就是自组织系统(Oliver,2005)。

专业村集聚系统同其他经济系统一样,是一个自组织系统,且自组织的特性是其发展演化的主要动力,主要体现在:

①专业村集聚的开放性。专业村集聚并不是孤立存在的,而是一个不断地与周围的环境发生物质、能量、信息交换的开放系统。其开放性一方面体现在其空间边界的不确定上,从空间范围来看,专业村集聚区的实体边界是模糊、不确定的、不断变化的;另一方面也体现在其与周围进行物质、能量、信息交换时,也没有虚拟的"边界"限制。虽然专业村集聚系统在与周围环境的交换中会受到距离的影响,可能会产生距离衰减效应,但是却不存在像围墙那样的边界。专业村集聚的开放性使得该系统成为一个活的系统,通过不断地与外部的交流使系统充满活力,也为系统的发展提供动力支持。

②专业村集聚的非平衡性。一般来说,只有封闭系统才会在自发状态下趋于平衡态,处于平衡态时系统的熵达到最大,系统结构是混乱无序的,且不再与环境进行交流,是一种死亡的状态(Maynard,2003)。专业村集聚是一个开放系统,因此具有非平衡性,其结构能自发地向有序的方向演化。正如前文专业村集聚演化机理所分析的,集聚经济本身就体现了非均衡性。在专业村集聚发展的不同阶段,都有其内在的不平衡性推动其演化发展。形成初期,由于资源禀赋的不平衡性,导致集聚首先发生在某些区域,而这种不平衡性又会由于根植性、预期而产生路径依赖,不平衡程度不断提高。由于初期不平衡发展导致集聚区的专业项目形成了一定的规模,达到了专业化生产的水平,占据了分工链条的有利环节,分工与专业化导致不平衡继续加剧。事实上,不仅专业村集聚系统的演化过程从宏观上来看就是一个不平衡发展的过程,其内部经济主体之间也存在不平衡性。平行发展的专业村与专业村之间、专业户与专业户之间、关联企业之间等存在着差异,有合作关系的企业、专业

户、专业合作社等之间更是存在着不平衡。可以说，非平衡是专业村集聚的常态，也正是因为这种不平衡性，专业村集聚系统的发展才能有活力。

③专业村集聚的非线性。专业村集聚系统内的各个状态变量之间的相互作用并不是简单线性叠加的，而是存在着非线性的关系。正是这种非线性的相互作用，使专业村集聚演化的过程中会出现不可预知的新情况，如规模不经济问题。持续的规模扩大并不会线性地带来经济收益的提高，而是在某一个临界值可能会出现负反馈的效应。而且，不同于完全的市场经济的契约关系，专业村集聚系统内部的行为主体之间大多是基于亲缘、地缘而形成的错综复杂的人际关系的网络，这就导致其相互作用的关系更为复杂，而不是简单的线性关系。专业村集聚的非线性使其发展存在较多的不确定性，可能在某个时刻就会出现分叉，有时就需要借助政府作用来处理这一复杂系统本身无法解决的问题。

(2) 涨落机理是专业村集聚演化的基本规律

耗散结构理论认为（湛垦华等，1982），涨落是系统自发地偏离平均态，是系统产生有序结构的诱因。涨落有微涨落和巨涨落之分，微涨落一般不会改变系统的结构，但是在众多的微涨落的作用下，系统会逐渐接近某个临界值，在临界状态下，涨落有可能被放大成为巨涨落，巨涨落会使系统跃迁到一个新的有序结构。可以说，涨落机理使系统从无序走向有序，从低级有序走向高级有序。

在专业村集聚系统中，涨落其实是较为普遍的，任何打破原有秩序的行为都可以看作是涨落。例如，对于一个村庄子系统来说，农户打破原有种植习惯，从种植粮食作物到种植价值较高的经济作物，这是系统的微涨落，而越来越多的农户进行模仿，改变自己的行为方式，就出现了一个村庄的种植结构的改变，形成了巨涨落，一个普通的村庄成长为专业村；对于整个专业村集聚系统而言，专业村数量的增多，规模的扩大，产业链条的延长，与其他经济主体合作方式的多样化，都可以看作是系统的涨落，这些涨落共同推动专业村集聚系统的整体发展，可以说，涨落机理是系统发展的内在规律，也是其发展的原动力。

既然涨落是脱离平均状态，那么就必然存在高于或者低于平均状态的情况，也就是存在涨落的正反馈和负反馈。正反馈使系统偏离原有稳定态，负反馈则维系原有的稳定态。对于一个系统而言，如果是正反馈占主导，则涨落会被放大，系统将向更高级阶段演化，反之，如果负反馈占主导，则系统可能无法突破原有的稳定状态，甚至最终走向衰败。

涨落的随机性导致在专业村集聚系统中，各个子系统的涨落存在不平衡性，可能有些子系统是"涨"，而有些则是"落"，有些幅度大，有些幅度小，这就造成了一些子系统具备了更多的"优势"，它们将成为系统的"强者"和核心，也成为系统的基核（普里戈金等，2005）。相对于大量散乱元素的无序状态，基核是那些首先表现出对系统涨落的适应，其成长性和极化功能使它对其他经济主体和要素具有更强的吸引力，具有集中的作用，表现出集聚效应。一个系统中可能不仅只有一个基核，可能会存在多个基核，那么基核与基核之间具有优先联结机理，它们会自组织地向比自己拥有更多资源的基核靠近，形成联结关系，"强强联合"形成集聚单元，并最终形成资源高密集度的集聚系统。因此，可以说，基核是集聚系统发展的基础单元。

(3) 突变分叉是专业村集聚系统的选择机理

系统的发展演化过程中存在着多种可能性，尤其是在系统突变分叉的时候面临着多种选择。随着外部环境和内部结构的改变，专业村集聚系统可能会出现多次分叉，这些分叉有可能是系统优化的起点，也可能是系统崩溃的开始。在这些分叉点上，系统将面临如何选择的问题。

一般来说，有两种选择机理：一种是诱导破缺选择，即分叉的出现主要是由于环境因素的改变引起的，这些诱导因素使得系统选择的时候带有偏向性。例如，在专业村集聚系统中，如果政府有针对性地推广某些专业项目，就会通过一些优惠政策来吸引农户参与，那么农户在选择专业项目时就带有偏向性，众多个体带有偏向性的选择也使整个系统的发展会沿着政策的导向路径发展。另一种是自发破缺选择，即主要是由于内部结构变动引起的分叉，系统选择沿着哪种新的路径发展具有偶然性。例如，由于分工和专业化引起的不同经济主体的参与方式存在多种可能性，那么经济主体选择在分工链条的哪个环节参与经济活动，或者是不同经济主体之间选择何种合作方式，都带有较大的偶然性和随机性，众多的随机行为会导致系统分叉点的路径选择也带有较大的偶然性。

同生物的自然选择法则一样，专业村集聚的选择机理有效运行体现在以下两方面：一是优胜劣汰。系统内部结构是在不断调整过程中演化发展的，不同的分叉点其实也存在着竞争关系，因为在某一时刻，系统只能选择一种发展路径，系统的选择虽然带有随机性，但是由于系统的运行受到本身自组织内在规律的作用，因此其选择本身就带有择优的倾向，是一个优胜劣汰的选择过程。二是适者生存。在多个分叉点进行选择的情况下，尤其是对于自发破缺选择，选择哪个新的状态相对来说是机会平等的，但是只有能够适应环境的新状态才能生存下来，成为相对稳定态，否则即使被选中，也可能是转瞬即逝，立马被新的分叉点所取代。

在通过上述的选择之后，那些能留存下来的集聚系统往往具备以下两类特征：一是信息量较低的专业村集聚系统，由于其与外界的信息交流较少，相对来说较为封闭，因此其突变率也相对较低，分叉较少，其自身的稳定性导致此类系统能够较长时期保持稳健发展。具备这种特征的专业村集聚类型多为传统型专业项目的集聚区，尤其是由于本身独特的资源特征，使其具备独特的竞争优势，能够长期保持具有地域特色的发展方式和路径；二是信息量很高的创新型专业村集聚系统，其突变率高，一直处在与外界环境不停交流的状态，由此导致其内部结构也是瞬息万变，系统进化速度快，对环境的适应能力强。这类专业村集聚系统多属于技术性较强的专业项目，且能够跟随时代发展，尤其是能够在最短的时间内将最新的信息运用于专业化项目的发展，那么此类系统进化的速度就会非常快。

通过突变分叉，专业村集聚系统打破了其对称性，产生了对称破缺，使系统的发展存在了多种可能性，系统的发展也能够充满活力和动力。

6.2 专业村集聚演化的系统动力学框架构建

6.2.1 构建流程

系统动力学模型的构建是一个复杂的系统工程，虽然不同问题模型的构建有不同的方法，但是总体上模型构建的基本步骤和原则具有规律性。一般来说，包含的步骤如图6-1所示。

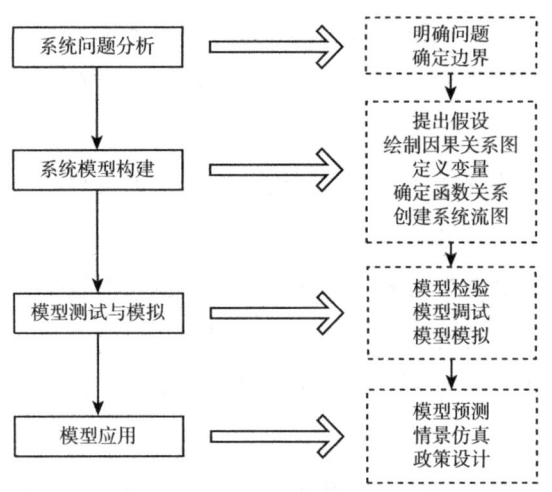

图6-1 系统动力学建模流程

（1）系统问题分析。这是系统动力学模型构建最基础也是至关重要的一个环节，对系统问题的分析主要是明确问题和确定边界。一个好的问题应该是具有针对性的，其范围不能过大，因为涵盖的变量过多可能使模型可能永远无法完成，当然也不能过小，过小的问题就失去了系统的意义。问题的确定可以通过专家咨询、实地观察、任务调研等多种方式来实现。清晰明确地定义了问题，才可以划定系统的边界，将系统与其环境区别开来，由此判定哪些变量应纳入系统的研究范畴。

（2）系统模型构建。模型构建包括提出假设、绘制因果关系图、定义变量、确定函数关系、创建系统流图等。模型不是现实世界的翻版，而是现实世界的简化，只需要抓住要解决的核心问题即可，对于其他问题则可以通过假设的方式进行简化；因果关系图是反馈系统结构的重要工具，其通过描绘变量之间因果链的简图，反映系统结构的内在逻辑；将因果关系图中的重要变量进行定义，并在此基础上确定变量之间的函数关系，写出方程，将概念图变为充分定义的定量模型；基于因果关系图和函数关系，就可以创建系统流图，系统流图通过追踪系统中物流、能流、人流、信息流等，考量流的速率及累积量，来表征系统演化的动态。

（3）模型测试与模拟。模型构建完成后并不能直接用于模拟，而是需要先对该模型进行测试，模型测试的目的是发现并改进模型的缺陷，是一个证伪的过程。模型测试一般包括：系统边界测试、模型结构与行为测试、量纲一致性测试、参数估计测试、极端情况测试、敏感性测试等。模型测试完成后可以进行数据模拟。

（4）模型应用。模型的最终目的是能够解决问题，因此在模型模拟的基础上，将现实问题在模型中进行分析，可以通过改变模型的参数来设置不同的政策情景，来设计和评估不同的政策效果，为现实世界提供"实验场"。

6.2.2　要素流因果关系图

要素流因果关系图，也称为因果回路图（Causal Loop Diagram，CLD）是描述系统反馈结构的重要工具。用因果链表示系统中要素之间的关系，要素之间的反馈关系用箭头表示。因果链的极性（正反馈或者负反馈）是反映一个因果回路所有变量整体上对该系统结构的作用方向。

正反馈反映了如果原因增加,则结果要高于它原来所能达到的程度;反之,则是负反馈。在因果关系图(见图6-2至图6-5)中,用顺时针回路标识符表示正反馈,相应地,用逆时针回路标识符表示负反馈。

(1) 人才流

专业村集聚效应体现在专业项目生产的各种要素流的集聚程度上,其中人才流是专业村发展的基础保障之一。专业村集聚程度越高,对高素质专业人才的需求就越高,而专业人员需求则受到本地劳动力资源的限制,由于专业村的发展地域主要在乡村,人员的跨区域流动相对较少,从事专业项目生产的劳动力大多数来自本乡本土,这些劳动力的数量和质量是专业项目生产人力资源要素的基础,随着专业项目的发展,对专业人员的需求越来越高,可能会有少部分人才流入,但大多数专业人员需要在现有人力资源的基础上进行培训。培训需求的多少会影响培训渠道,培训需求大,则会催生形式各样的培训渠道,这些培训渠道既可以是正式的(如政府的技术推广学习班、专业村集体组织去外地学习、企业招募工人的岗前培训),也可以是非正式的(如农户之间非正式的交流,或者农户通过报纸网络等渠道自发地向外界学习)。一般来说,正式

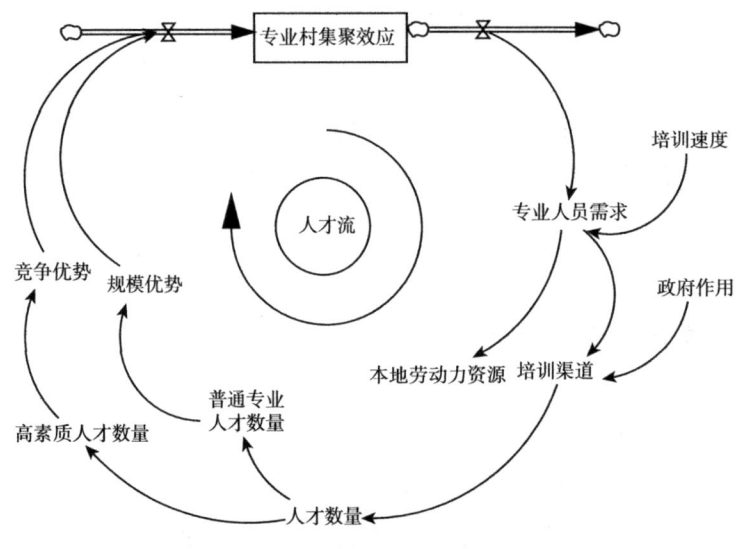

图6-2 人才流因果关系图

的培训渠道更能满足人才需求,而正式的培训渠道则离不开政府作用。政府通过直接的技术推广或者间接的创造有利环境,都能起到较好的作用。培训对人才数量和质量有着直接的影响,而专业村集聚所需要的人才可以分为普通专业人才和高素质专业人才,普通专业人才数量多能使专业项目规模优势凸显,而高素质专业人才的优势则能增强其竞争优势。规模优势和竞争优势的共同作用,使专业村集聚效应更为明显。

(2) 技术流

专业村集聚区发展初期的技术大多是基于传统与经验,由于专业项目有相当一部分是基于本地的优势资源,所以往往具有历史传承性,因此经验、传统技术引致的本地知识资源基础是专业村集聚演化的基础。随着这些技术资源的扩散,扩散源的技术优势逐渐消失,市场竞争压力和产业升级的需求导致其将向外寻求技术引进。而技术引进的力度和程度则离不开政府的作用,政府对待技术的态度、政策和支持决定了技术引进的可行性。本地技术扩散和外源性技术引进共同决定了本地技术水平,技术水平的提高使得专业项目生产规模扩大和生产效率提高,进而

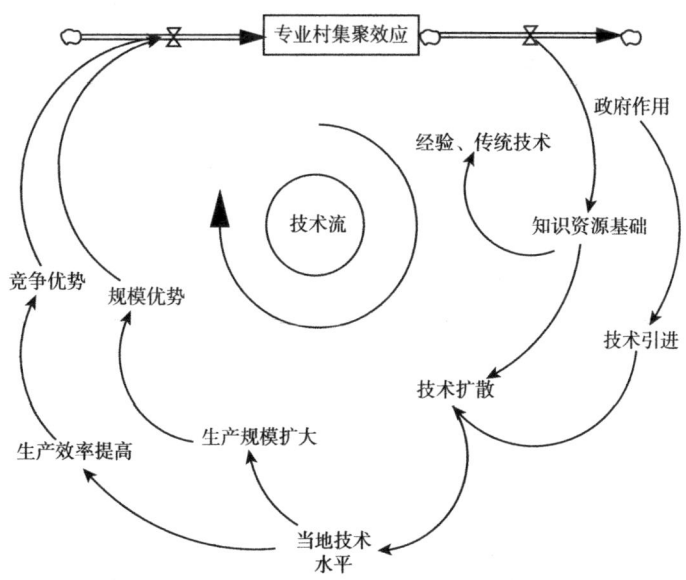

图 6-3 技术流因果关系图

取得规模优势和竞争优势，专业村集聚效应进一步提高。

(3) 资本流

资本流不仅指专业村集聚发展中的现金流，还包括其他诸如土地、矿产等资源物化的价值，因此，本研究中的资本流，也可以称为资源流。前文理论分析表明，专业村集聚形成之初，要素禀赋及其根植性是关键，也就是说，一个区域的资源基础是专业村形成的根本。资源基础对专业项目的作用受到自然资源丰裕程度和政府引导的作用，而资源基础也影响到本地的投资吸引力，包括本地的资金投入和外来资金投入。当然，除了资源基础，影响本地投资吸引力的因素还包括其他的投资环境，尤其是法律、法规、政策等方面的投资软环境，以及综合考量的投资成本和心理预期。前期的资源基础，加上现有的投资吸引力，共同决定了现有投资存量。现有投资的扩大一方面可以扩张生产规模，提高规模优势，另一方面还可以使当地专业项目有资金用于提升创新能力，进而提高竞争优势。

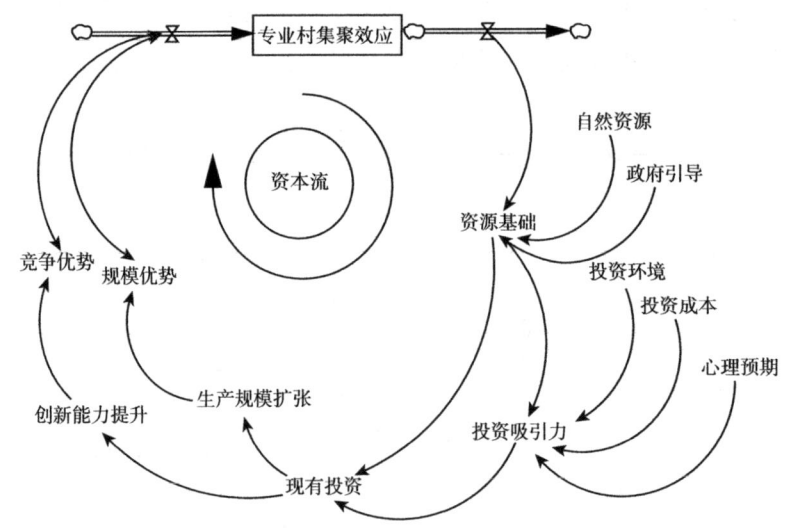

图 6-4 资本流因果关系图

(4) 市场流

人才、技术、资本都属于生产环节，生产环节对专业村集聚效应的作用是直接的，而生产之后的销售环节对专业村集聚也存在间接的影响。在生产环节,专业化项目规模扩大和专业化程度的提高,能够使本地专业化项目产品具有价格优势,而产业关联程度和交易成本制约下的分工程度则决定了产品的多样化程度。主导产品的价格优势和相关产业的多样化程度决定了本地市场潜力和吸引力,并最终影响规模效应和竞争效应。因此,生产环节的专业化和分工通过市场这一传导媒介最终影响专业村集聚效应。

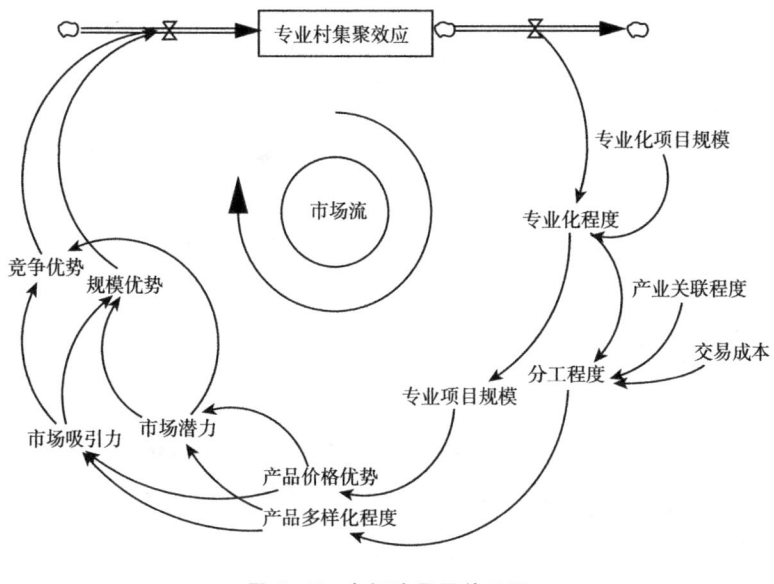

图6-5 市场流因果关系图

6.3 专业村集聚系统动力学模型

6.3.1 系统动力流图

因果关系图只是定性地勾勒出专业村集聚系统中各种要素在集聚演化过程中的作用机理,因此尚需在此基础上进一步量化分析。系统动力流图通过存量、流量、辅助变量及隐藏变量等变量的实际经济含义,将因果关系图中的主要变量在整个集聚系统中通过关系图和方程模型的方式进行量化。如图6-6所示,专业村集聚系统中,人才、技术、资本是直接影响集聚效应的主要因素,因此将这三者作为状态变量(存

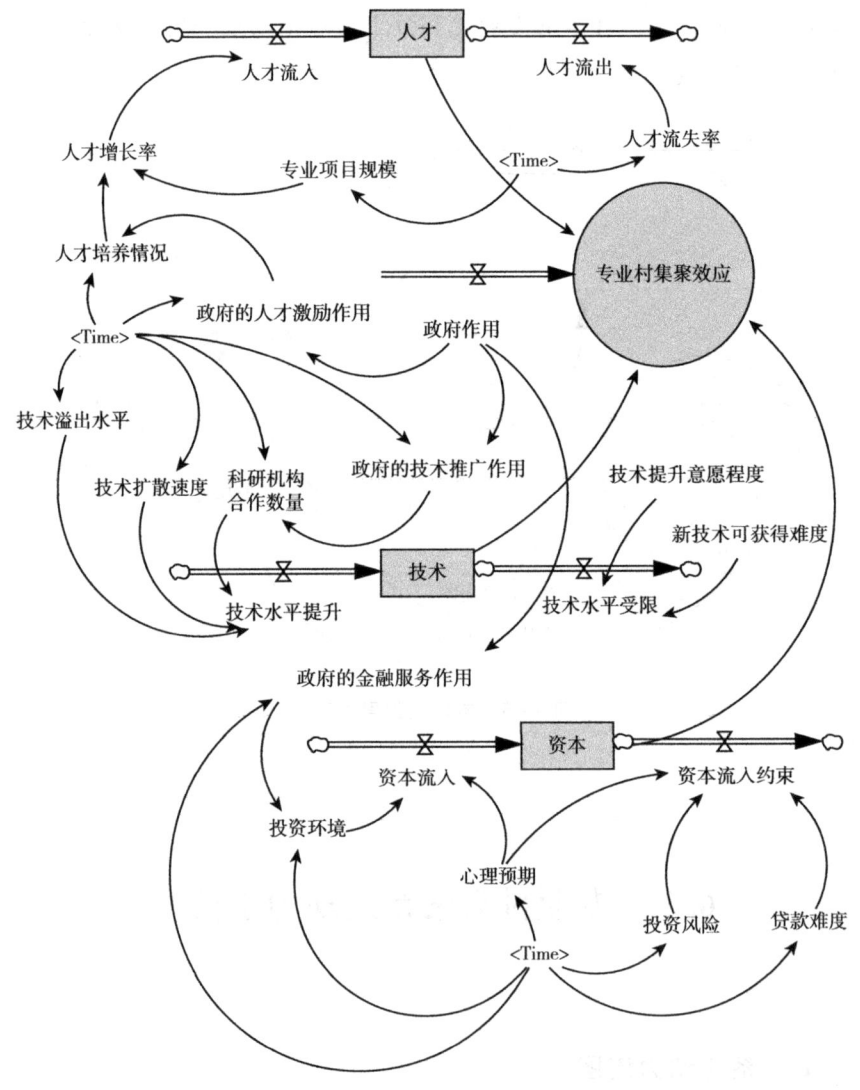

图6-6 专业村集聚系统流图

注:系统动力流图中,方框表示存量,〈Time〉为隐藏变量,其他则为控制变量。单箭头表示因果关系反馈,双三角双线箭头表示流率,表示流的活动状态,亦称决策函数,积累则是流的结果。

量),集聚效应将由人才、技术、资金三大模块内部结构及相关关系来表征。将因果关系图中的关系进一步提炼,每一个模块中状态变量的改变都通过流入和流出这两大流量来影响,而其他的变量则作为控制变量来影响流量进而影响状态变量。由于专业村集聚系统是动态演化的,多数变量会随着时间的改变而改变,因此,将时间设置为隐藏变量,用于表征各模块中变量随时间的变化。

在人才子模块中,人才流入和流出共同决定人才状态变量。人才流入受到人才增长率的影响,而专业项目发展规模的需要和人才培养情况共同影响人才增长率。人才流出则主要受到人才流入率的影响。在这一过程中,政府影响力作为外生变量对人才的流入流出都会起到一定的作用。上述控制变量都是基于时间的动态变量。

在技术子模块中,技术水平提升和技术水平受限是决定技术状态变量的速率变量。技术溢出水平和技术扩散速度直接影响技术水平的提升,而科研机构的合作对技术水平也有作用,在科研合作中,政府也能够起到引导和协调的作用。另外,经济主体对技术提升的意愿是技术提升的限制因素,尤其是作为较为保守的农户,其主观上主动追求技术提升的意愿程度往往不高,因此也限制了技术水平的提升,而且对于多数经济主体来说,新技术可获得的难度也较大,这也不利于技术水平的提升。

在资本子模块中,资金流入和资金流入约束是资金这一状态变量的两个速率变量。投资环境和心理预期是影响资金流入的两个主要因素,而投资风险和贷款难度则是制约资金流入的主要因素。同样地,上述控制变量也是受时间驱动的动态变量。

6.3.2 系统动力模型构建

(1) 专业村集聚效应函数模型

专业村集聚的系统流图从直观上反映了系统中各要素结构上的关

系，但其内部的量化关系需要通过方程的方式来构建量化模型。根据图6-6所示的系统结构，专业村集聚效应受到人才、技术和资本三个因素的影响，专业村集聚演化的过程是一个多变量共同作用的螺旋式发展模式。借鉴索罗的总量生产函数（Solow，1957），通过区域专业项目总产出来衡量专业村集聚效应：

$$Q = A(t)K^{\alpha}L^{\beta} \qquad (6-1)$$

其中，Q为专业村集聚效应；$A(t)$为t时刻的技术水平；K为资本投入；L为劳动力资源投入；α为资本产出弹性，即在其他要素保持不变的情况下，每增加1%的资本，则有α的产出增加；同样地，β为劳动产出弹性，表示在其他要素保持不变的情况下，每增加1%的资本，则有β的产出增加。

在构建总的模型框架基础上，依据因果关系图和系统流图的结构关系，再分别构建人才、技术、资本三个子模块的模型。

（2）人才模块函数模型

对于人才模块来说，人才在t时刻的存量L_t是在上一期（$t-1$）的人才存量L_{t-1}的基础上，受到人才流入率（Rate of Labor Increase，定义为RLI）和人才流出率（Rate of Labor Decrease，定义为RLD）的共同影响。因此，将人才这一状态存量表示为：

$$L_t = L_{t-1}(1 + RLI - RLD) \qquad (6-2)$$

人才流受到人才需求和供给两方面的影响，在人才需求方面，主要受到专业项目发展规模（Specialization Scale，定义为SS）的影响，而在人才供给方面，由于人才输入大多为本地输入，新增加的人才流入多为本地的劳动力资源经过专业培训而来，因此，人才培训情况（Labor Training，定义为LT）也是影响人才流入的控制变量。导致人才数量减少的因素可能会受到对工资满意度（Wage Satisfaction，定义为WS）的影响，如果对现有工资满意度较低，劳动力则可能会选择不再从事专业项目的生产活动。另外，人才流入率和流出率都受到区域政府政策（Government Policy，定义为GP）的影响，且控制变量均为随时间变动

的动态变量,因此在模型中需要加入隐藏变量(Time)。人才流入率和流出率的函数模型用迭代函数 D_t 表示为:

$$RLI = D_t(SS, LT, GP, Time) \qquad (6-3)$$

$$RLD = D_t(WS, GP, Time) \qquad (6-4)$$

(3)技术模块函数模型

技术流受到技术水平提升(Rate of Technology Increase,定义为 RTI)和技术水平受限(Rate of Technology Decrease,定义为 RTD)两方面的影响,其函数表达为:

$$A_t = A_{t-1}(1 + RTI - RTD) \qquad (6-5)$$

技术水平提升主要受到技术溢出(Technology Spillover,定义为 TS)和技术扩散(Technology Diffusion,定义为 TD)的影响,而合作的科研机构数量(Research Institution,定义为 RI)对技术水平提升也有作用,另外政府政策(GP)这一外生变量对技术水平整体环境有影响。经济主体对技术提升的意愿(Technology Willingness,定义为 TW)是技术提升的限制因素,另外,新技术可获得难度(Obtain Difficulty,定义为 OD),也是技术水平提升的限制因素。控制变量均为随时间变动的动态变量,因此在模型中需要加入隐藏变量(Time)。函数表达式为:

$$RTI = D_t(TS, TD, RI, GP, Time) \qquad (6-6)$$

$$RTD = D_t(TW, OD, Time) \qquad (6-7)$$

(4)资本模块函数模型

影响资本流的两个速率变量分别是资本流入(Rate of Capital Increase,定义为 RCI)和资本流入约束(Rate of Capital Decrease,定义为 RCD),其函数表达为:

$$K_t = K_{t-1}(1 + RCI - RCD) \qquad (6-8)$$

投资环境(Investment Environment,定义为 IE)和心理预期(Mental Anticipation,定义为 MA)是影响资本流入的两个主要因素,而投资风险(Investment Risk,定义为 IR)和贷款难度(Difficulty of Loan,定义为 DL)则是制约资本流入的主要因素。政府政策(GP)这一外生变量对技术水平整体环境有影响。同样地，上述控制变量也是受时间驱动的动态变量，因此在模型中需要加入隐藏变量（Time）。函数表达式为：

$$RCI = D_t(IE, MA, GP, Time) \tag{6-9}$$

$$RCD = D_t(IR, DL, GP, Time) \tag{6-10}$$

6.3.3 模型参数值及初始条件

专业村集聚效应函数模型是在参考索罗模型的生产函数基础上形成的，但是专业村集聚与一般的产业生产活动还存在一定的差异。在索罗模型中，其假设条件之一是技术进步是希克斯中性的，也就是说技术系数（资本劳动比）是不变的，另外，假设规模报酬不变，即 $\alpha + \beta = 1$。但是对于专业村集聚而言，在前文的理论分析中可知，技术进步是一个累积量，会随时间变动而变化，因此将其表达为时间的函数，且由于集聚效应的存在，规模报酬并不是稳定不变的，存在规模报酬递增，因此 $\alpha + \beta > 1$。参考前人的研究成果（袁晓玲，2007；孙晓华，2008），将模型中的参数设定为：

$\alpha = 0.6, \beta = 0.7$

除了上述参数需要对其赋值以外，对于人才、技术、资本三个状态变量，也应根据实际情况设定初始状态，初始状态是系统仿真模拟过程中变量迭代的基础。由于在真实世界中，上述三个变量的量纲均不同，这会导致系统模型测试中有可能不能通过量纲一致性检验，因此在系统动力学中，可以将上述变量用相对值来表征变量大小。

在水平变量方面，人才、技术和资金量纲上的区别增加了计算过程的烦琐程度，因此最终模型输出用相对值表示变量大小。在本书中，将技术的初始值 A_0 设置为 1，K_0 为 100，L_0 为 100，数值越大则说明技术水平越高、人才越多或者资本越充裕。本书以 2008 年为研究的时间起点，因此模型中函数的初值为 2008 年的标准值，时间步长为 2，2008 年到

2016 年每两年的实际数据对应于 2008 年的增长值则是函数中相应时间点的数据。对于速率变量，如人才增长率与流失率、技术水平提升与限制、资金流入率与限制，由于其均为比率，因此其取值范围设为 [0，1]。对于一些难以直接用绝对值量化的辅助变量，如政府政策、投资环境、投资风险等，均用区间数方法用程度值来衡量，其范围也设定为 [0，1]。

6.4　河南太行山麓专业村集聚演化模拟及动态结果

基于上述构建的专业村集聚演化的系统动力学模型，模拟河南太行山麓的演化过程及机理。以下系统动力学的检验、模拟与仿真均在 Vensim PLE 软件中实现。

6.4.1　模型检验

在模型模拟与仿真之前，需要先对该模型进行检验。模型检验的目的就是通过各种方法证明该模型对所要研究的问题是有效的、可靠的。目前有十多种可以用于模型检验的方法（Forrester，1971；Barlas，1996），包括边界适当性检验、结构评价检验、量纲一致性检验、参数估计检验、极端条件检验、灵敏度检验等。当然，在一个模型中没有必要将所有的方法都用于检测，可以从不同的侧面选取几个适当的方法进行验证。在本书中，主要通过边界适当性检验、量纲一致性检验、结构评价检验和灵敏度检验对模型进行检验。这四种检验方法各有侧重，可以较为全面地对模型的有效性与可靠性进行验证。

（1）边界适当性检验

边界适当性检验主要是检验是否将重要的概念与变量都纳入系统中。系统边界的检验可以通过两种方式：一是通过专家咨询、实地考察等方式，通过征询专家及系统研究对象对所研究问题的看法，来对所构建的模型进行比对，看是否有所遗漏或不妥。本书在实地考察的基础上，在充分访谈的基础上确定了系统的研究问题和主要变量，并在初步构建系统主要变量的基础上，通过向多位本领域专家请教咨询，最终确定了研究的变量。二是通过系统动力学的软件操作平台，对可能存疑的变量进行删减，看系统是否还能够形成闭合回路。如果能够形成闭合回路，则说明该变量在本系统中属于冗余的变量，可以删除，反之，则认为该变量不可或缺。同样地，也可以逐一地添加某个可能需要加入系统的变量，通过系统是否形成闭合回路来判断是否需要添加该变量。前文的专业村集聚系统流图所呈现的变量即是通过上述两种方式的检验最终确定的系统边界。

（2）量纲一致性检验

量纲一致性检验主要指的是系统模型中每一个方程内部的量纲是统一的，其检验可以通过两个步骤：首先需要在写方程时人为地对量纲进行检验，然后在此基础上，通过 Vensim PLE 软件自带的量纲检查功能，在系统模型构建完成之后，对每一个方程运行测试，如果出现量纲不一致的情况，软件会自动报错，可以根据错误报告的详细内容，对错误进行修改，并在修改后再次测试量纲是否一致，如果还有错误，重复上述步骤，直至系统检测结果显示量纲一致，则完成了量纲一致性检测。本书的专业村集聚系统模型构建中，通过上述两个步骤完成了量纲一致性检验。

（3）结构评价检验

系统动力学的核心思想就是系统结构决定系统行为，系统行为产生系统结果。因此，一个系统动力学的模型是否有效，主要是看该模型的结构是否合理。对系统结构的评价检验一般有两种方法：一种是历史检验，即将系统模拟的结果与历史数据比照，主要是核对相关参数的误差；另一种是理论检验，将模拟结果与建模前的理论设想对比，如果能够验证理论，则说明系统结构及其方程函数是正确的。对于系统动力学，结构的正确性比参数的误差范围更重要，因此结构检验多以理论检验为主,以历史检验为辅。

在本书中,模型模拟的时间尺度为 20 年,每两年一个时间间隔,因此,时间单位(Units for time)为年,初始时间(Initial time)为 0,最终时间(Final time)为 20,时间步长(Time step)为 2。由于本研究的实际数据为 2008—2016 年这 8 年的数据,因此首先对这 8 年的数据进行系统模拟,模拟结果如图 6-7 所示。图中,实线为实际数据,虚线为模拟数据,从历史检验结果来看,专业村集聚演化的模拟曲线与实际数据吻合度较高,基本可以反映历史数据的走势。而对于因果图中的人才、技术、资本的模拟曲线,基本上与实际数据的曲线一致。历史检验的结果说明,该模型是有效的。

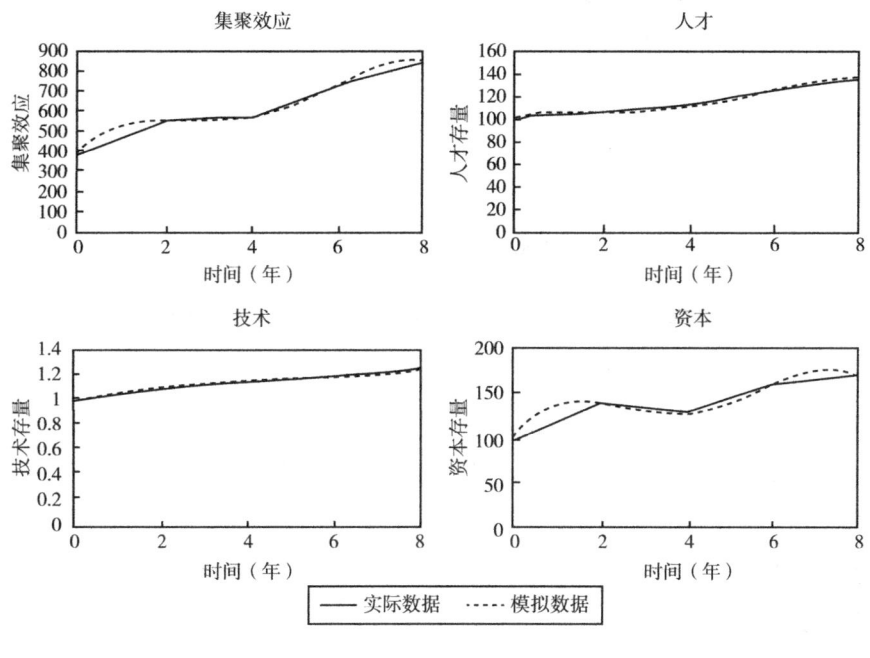

图 6-7 历史检验结果

注:图中纵坐标为程度变量,无量纲,故纵坐标没有单位。下同。

由于专业村集聚演化是一个较为漫长的复杂过程,8 年的演化仅仅是其演化过程中的一小段,如果仅观察 8 年的数据,可能会以偏概全,很难窥得其全貌,也难以与理论分析相对照,因此在历史检验的基础上,进一步的理论检验尚需要更长时段的模拟。因此接下来对整个研究时间尺度20年进行模拟,模拟结果如图6-8所示。

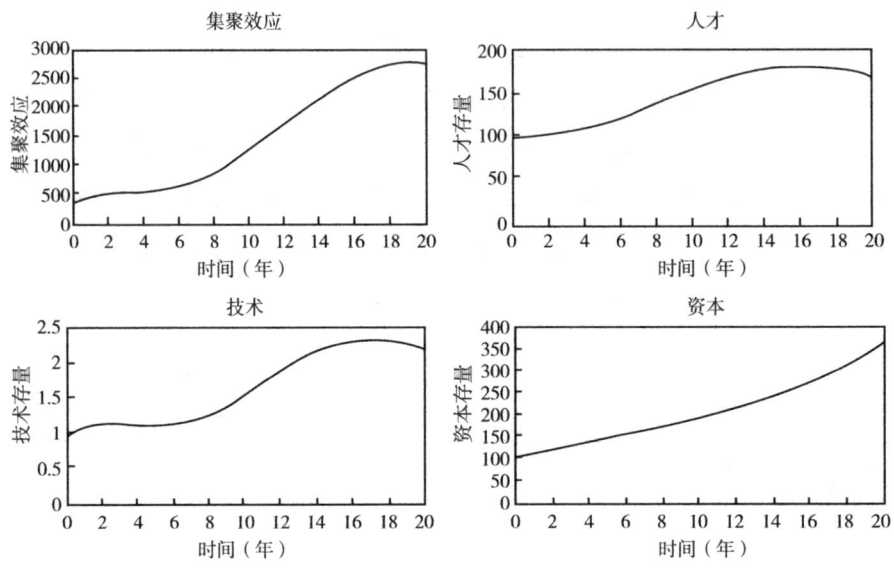

图6-8 理论检验结果

从专业村集聚演化阶段来看,其整体走势为"S"形曲线,在前6年左右处于"S"形曲线的第一个平台期,整体集聚效应不高,即处于低水平均衡阶段,随后突破平台期的瓶颈以后,迅速进入成长期,有了一个质的飞跃,集聚效应明显提高,集聚发展迅猛发展,在演化的中后期,即模拟期第18年左右,集聚效应接近触顶,向成熟期过渡,成熟期为演化中的第二个平台期,而这个平台期,是一个高水平均衡阶段。这一演化阶段与理论分析和案例区的实证分析结果都较为吻合。这一检验结果说明该模型通过了结构评价,在研究这一问题上是一个有效的模型。

(4)敏感性检验

敏感性检验主要是检验系统中哪些参数对系统行为的影响是敏感的,对于这些敏感的参数,参数取不同的值,对系统模拟的结果影响比较大,则说明这些参数是系统中的重要参数,需要重点关注。尤其是可以考量某些政策参数是否关键,若是重要的政策参数,则可以通过调整该参数的不同取值,来仿真模拟不同的政策情景,并选取最优的政策组合,为决策部门提供参考。

在本模型中,对专业村集聚效应影响最为直接的就是三个状态变量:人才、技术、资本,因此对这三个变量进行敏感性检验。利用 Vensim PLE 软件中的复合模拟功能,分别对这三个变量提高 5%、10%、15%,模拟其发展演化趋势,模拟结果如图 6-9 所示。将模拟的三种情景与初始状态进行比对,发现在其他变量不变单独调整某一个变量参数的情况下,模拟结果均有显著变化,而这三个变量对专业村集聚效应的影响趋势都是基本一致的,虽然影响程度以及快慢会有变化,但是其趋势线的走势是一致的。说明这三个变量是影响专业村集聚效应的重要变量,且其影响方式较为稳定。因此可以说,该模型通过了敏感性检验。

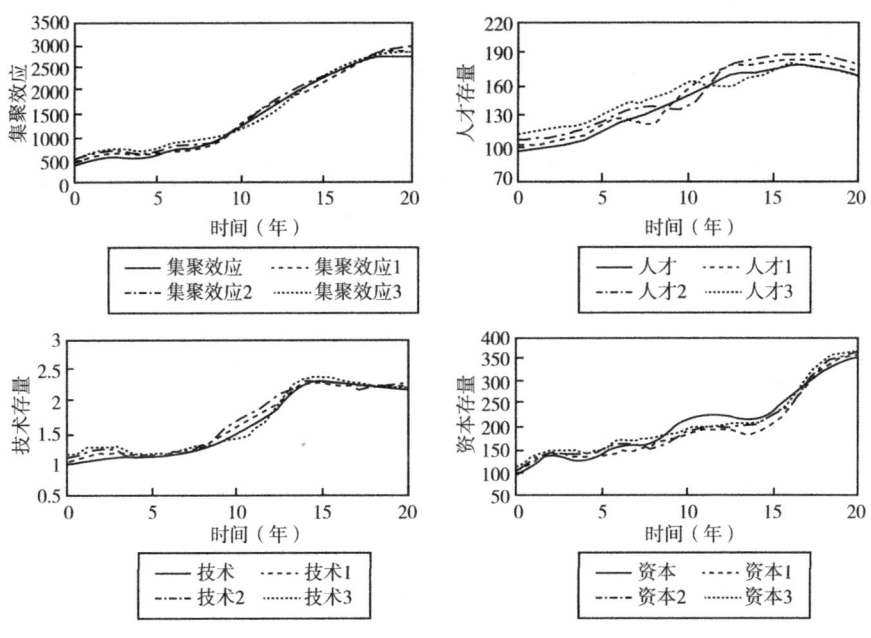

图 6-9　敏感性检验

通过以上对模型进行的边界适当性检验、量纲一致性检验、结构评价检验和敏感性检验,发现本书所构建的专业村集聚模型是一个边界适当、结构合理、真实有效的系统动力学模型，可以用于对专业村集聚演化过程及机理的模拟仿真。

6.4.2 模型模拟与预测

通过模型检验可知，在对比8年真实数据的历史检验和20年模拟数据的理论检验中，模型的有效性较好，可以用于专业村集聚演化过程的模拟。在上述模拟的基础上，为了更好地观察专业村集聚演化的中长期发展趋势，我们将研究时段拓展到30年，通过修改模型的时间范围，将终止时间（Final time）设置为30，其他不变，得到模拟与预测结果如图6-10所示。

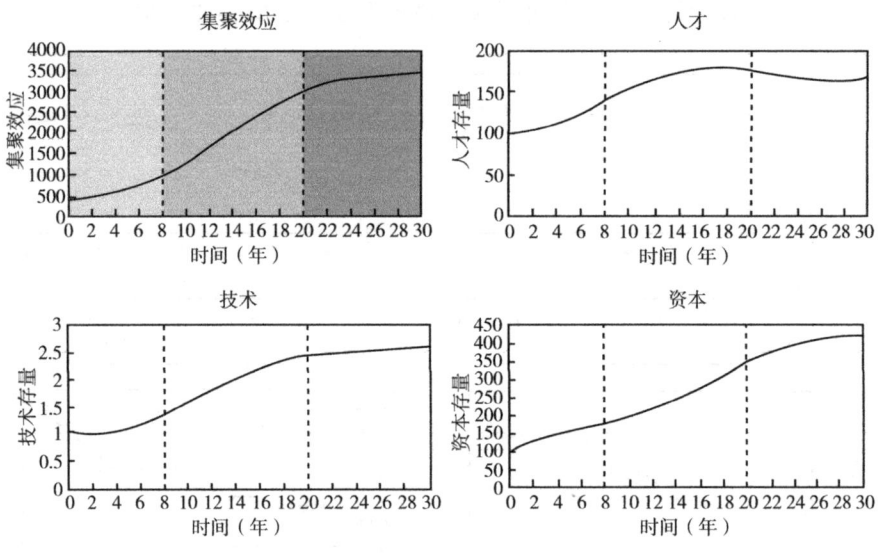

图6-10 模拟与预测结果

总体来看，专业村集聚效应呈现出"S"形曲线的发展趋势，可以将此曲线粗略地划分为三个时期：形成期（0—8年）、成长期（8—20年）、成熟期（20—30年）。这一划分结果与理论分析部分相吻合。进一步将原因图也按照此时间节点划分，可以进一步分析在演化的不同阶段，各主要要素在演化中的作用。

在形成期（0—8年），集聚效应维持在低水平（低于1000）。在这一阶段，资本对集聚效应的贡献最为显著，从图6-10中可以直观地看到，资本曲线的斜率是不断增大的，而相对来说，人才曲线和技术曲线的斜率是递减的，这说明资本在专业村集聚形成的初级阶段，对集聚的形成贡献率增速也是不断提高的。这一结果与理论分析部分是对应的，这一时期的资本主要是以资源为主，由于初期专业项目的发展是依托当地优势资源，从事专业项目的人员也多为农户本身，所采用技术也多是传统经验，因此，人才存量和技术累积量不高，对集聚效应的贡献不大。

在成长期（9—20年），集聚效应迅速攀升（1000—3000）。在这一阶段，人才和技术对集聚效应的贡献迅速提高。这一阶段对应于理论分析的内生演进阶段，在此阶段，分工与专业化使得专业化项目不仅是简单的模仿与横向规模扩张，而且向着创新与产业链延伸的纵向扩张发展。因此，在此阶段，对于专业型人才的需求迫使原来的专业户提高自己的专业水平，再加上在这个时期，由于分工导致专业项目在产业链条上的延伸，集聚区的经济活动主体增加了相当一部分企业，企业对人才的需求和培养为集聚区人才总量的提升起到了关键作用。同样地，分工与专业化的结果就使原有的技术远远不能满足专业化项目的发展需要，向外寻求技术支持使得集聚区能够迅速提升技术积累量。

在成熟期（21—30年），集聚效应较为稳定（3000—3500）。在这一阶段，参与专业村集聚系统的经济主体越来越多，不仅有农户，还有越来越多的关联企业，甚至是该专业项目的龙头企业也参与这个系统，另外还有专业协会、专业合作组织、金融机构等中介平台。众多经济主体的多种合力使此时的系统进入了一个完全随机互动的多层级共同演化的发展模式。众多合力的共同作用也使系统发展更加均衡和平稳。对于三个主要的状态变量，人才存量对集聚效应的贡献度逐渐下降，其主要原因可能是在成长期，人才存量已经达到峰值，集聚区对人才的需求处在结构性调整的阶段，对一般人才需求接近饱和，而对高素质人才需求尚不满足。而在此阶段，技术和资本对集聚效应的贡献度仍处在上升期，这主要是由于在集聚演化的成熟期，分工的进一步深化使众多的专业村和关联产业向产业结构调整和升级的方向优化，而这一转型需要技术和资金作为支撑。值得一提的是，在此阶段的资本，与第一阶段的资本并不相同，第一阶段的资本主要是以资源为基础的固定资本，而此阶段的资本是以资金为主的流动资本。

除了上述三个状态变量对集聚效应的贡献，系统中还有其他的流量以及控制变量，由于这些变量的作用力是通过三个状态变量传导给集聚效应的，因此对其不再一一分析。但是，在众多的变量中，有一个变量较为特殊，就是政府作用力这一要素，由于其是作为外生变量引入系统的，其对三个状态变量都能产生作用力，而且这一作用力与其他变量受到市场机制"看不见的手"的作用不同，其作用更加显性，也更带有偶发性，因此，对于这一变量，可以单独探究其对集聚效应在不同阶段的作用力。

由图 6-11 可知，政策对集聚效应的作用力也具有明显的阶段性。在集聚演化的形成期，政策的作用较为显著。由于初期专业村的集聚发展尚处于无序、自发状态，市场机制尚不成熟，急需政府的引导与政策支持。从图中还可以看出，在此阶段，政府作用程度也在不断提升。在实际调研走访中，也发现了这一现象，专业化项目的早期发展与政府的作用力密不可分，甚至有一些专业化项目就直接是政府行政推广的。而随着专业村集聚的发展，参与主体的多元化，尤其是企业的参与使市场机制越来越完善，分工与专业化的内在推动力是集聚演化的主要助力，政府作用程度虽然没有降低，但是相对来说处于平稳阶段，在这一时期，政府作用主要是为集聚区经济主体提供健康良好的发展环境，而不再直接参与和干预经济行为。当然，随着集聚演化进入成熟期，可能会出现规模不经济与负外部性等市场机制本身无法解决的问题，这时政府的作用再次凸显，而与第一阶段不同的是，这一阶段的政府作用以宏观调控和政策引导为主，直接的行政干预较少。总体来说，政府作用与专业村集聚的内部演化动力是一个"你强我弱、你弱我强"的相互补充作用，二者共同推动集聚朝着更加集约、健康、可持续的方向发展。

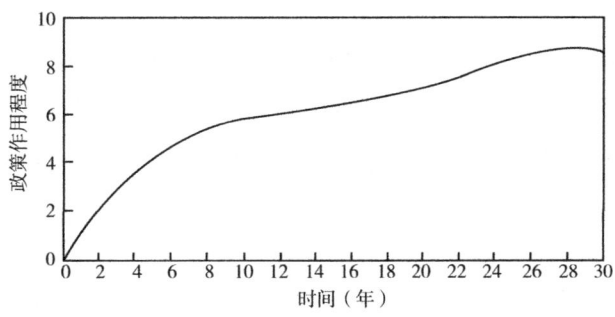

图 6-11 政府作用

6.4.3 政策情景仿真与建议

(1) 政策情景仿真

利用专业村集聚演化模型,我们可以仿真不同政策情景下集聚效应的情况,进而对专业村的发展提出针对性建议。情景一是基于原始数据的基础情景,作为其他情景的对比;情景二是增强政府的人才激励作用;情景三是加大政府的技术推广作用;情景四是提高政府的金融服务作用。为便于比对,在其他控制变量不变的情况下,分别将情景二、三、四的控制变量参数提高 25%,以凸显不同政策的作用。仿真结果如图 6-12 所示。

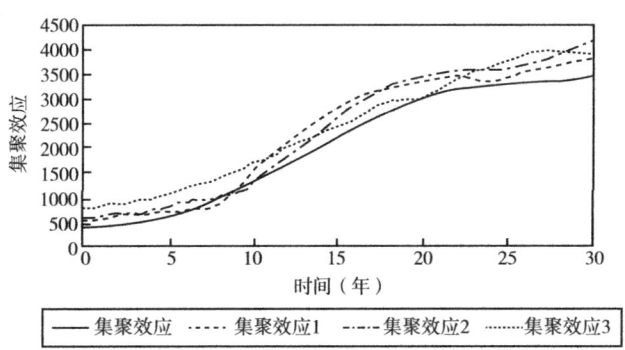

图 6-12 政策情景仿真结果

①增强政府人才激励作用的效应。在提高政府人才激励作用变量的情景下（曲线2），可以看到集聚效应在形成期并没有明显提高，而是在成长期以后才有显著提高。这说明在专业村集聚演化的形成期，政府作用对人才这一要素尚且不能起到重要作用。因为在这一时期，从事专业项目活动的大多是以当地农户为主，人才资源处于自给自足的状况。而在集聚演化的成长期之后，分工的深化延长了专业项目的产业链条，产业链的上游和下游环节需要更多的专业技术人才，而本地的人才资源则难以满足这一人才需求。政府对于人才的各种激励措施（如提供良好的硬件环境和具有吸引力的人才政策等）对专业村集聚发展至关重要，从图中可以看到，提高人才激励作用的参数25%，对成长期之后的集聚效应提高了500以上。

②加大政府技术推广作用的效应。在加大政府技术推广作用变量的情景下（曲线3），与曲线2的走势比较接近，集聚效应在形成期的变化不显著，而在成长期和成熟期变化较为明显，这说明政府的技术推广作用在专业村集聚演化的后期非常有必要。专业化项目发展的初期，农户的生产方式还是在传统经验和技术传承的模式下进行的，对于技术提升的需求不大，因此在这一时期，即使提高政府的技术推广力度，也对生产效率和集聚效应影响不大。而到了专业化项目发展的中后期，技术提升需求日益迫切，此时政府对技术的助推力能够迅速满足这一需求，能极大地提升集聚区整体生产效率，并进一步提高集聚效应。

③提高政府金融服务作用的效应。在提高政府金融服务作用变量的情景下（曲线4），与曲线2、3的走势不同，集聚效应在形成期就有明显的提高。这说明在专业村集聚的发展演化中，资金的缺乏是限制其发展的重要因素，在专业村集聚发展的形成期，能够率先发展专业化项目的多是在农户中相对来说资金实力较为雄厚的，而相当一部分农户则由于缺乏资金，有心无力。如果政府能在农户融资方面提供服务，为专业村发展提供金融支持，则对专业村集聚效应会产生明显的影响。随着专

业化生产规模的扩大，资金需求也会随之增加，不仅是专业化项目需要直接的资金投入，而且人才的引进、技术的提升都需要强大的资金作为支撑。因此，在专业村发展的中后期，政府的金融支持对专业村集聚效应的提高仍然具有较大的作用。

（2）政策建议

专业村集聚演化系统虽然总体上来说是一个自组织发展的系统，但是它仍然存在一些自身难以解决的问题，需要外部作用力的支持，政府作用在专业村集聚发展的不同阶段能够在不同的方向上发挥特殊的作用，鉴于以上政策情景仿真的结果，提出以下政策建议：

①专业村集聚演化发展的形成期，政府应加强发展方向上的引导和良好经济环境的营造。专业化项目的形成和推广，在初期往往受到资源禀赋的影响，当地政府应该在结合本地地域特色和优势的基础上，选择具有比较优势的项目，引导部分适合农村特点、在农村发展具有比较优势的产业或企业转移到农村。规避单一化和"一刀切"倾向，政府推广的专业化项目虽然有利于专业村的集聚发展，但是也容易造成当地同类产品的恶性竞争。因此，政府在推广专业化项目的时候，应该根据专业项目在本区域的发展态势，以市场为导向，以服务农户、企业及各经济主体为主要职能，因势利导，因地制宜，推进农业专业项目深化发展。而且要特别注重专业化项目落地之后的持续培育问题，要为专业化项目的发展提供良好的发展环境，尤其是需要帮助农户解决其发展最大的障碍——资金短缺，可以在完善农村金融体制的基础上，为农户尤其是专业户的融资提供政策支持。

②专业村集聚演化发展的成长期，政府应为专业村集聚区的结构转型和质量提升提供制度保障。在成长期，随着分工的深化和专业化程度的提高，人才和技术要素成为专业村集聚发展的重要支撑。专业化人才的来源包括两类：一类是本地人力资源，这类资源主要是原来的专业户，但是随着专业化项目的发展，仅靠以往的经验已不能适应其发展，因此这类人力资源需要通过技术培训成为专业技术人才。此外，政府也

应推进组织创新,鼓励能人脱颖而出,吸引在智、技、德、官、富等方面各具优势的新乡贤为专业村发展和乡村振兴出谋出力。另一类则是外部引进的人才,包括政府直接聘请的专业技术指导员、专家顾问和企业引进的技术型人才。要改变人才和优质资源过度向城市单向流动的格局,引导更多适合农村特点的人才和优质资源参与乡村振兴,统筹推进事业引人、感情引人、文化引人、环境引人等多种人才吸引手段,广纳社会人才和社会资本到农村创新创业。对于这两类人才,政府需要提供制度上的保障以使人才资源与专业村发展相匹配。而对于技术要素来说,政府应充分发挥其协调能力,加强对外联系,将先进技术引入本地,并营造创新氛围,协调科研机构与企业、专业村的实体经济融合,促进产学研的交流与合作。必须充分发挥科技和人才的引领作用,整合各方面科技创新资源,不断完善农业科技创新体系和农村科技推广服务体系,构筑产业兴旺的科技支撑。

③专业村集聚演化发展的成熟期,政府应加强本地专业化项目的整体实力和竞争力的提升。在成熟期,专业村发展的集聚效应已经较为明显,单体专业村的专业化已经逐渐发展成为区域专业化,区域作为一个专业化整体要参与更大空间尺度的分工,如何在这一分工中提高本地的竞争优势,成为专业村集聚区是否能够可持续发展下去的关键。因此,在这个阶段,政府对本地专业项目的提升至关重要。一方面需要加强集聚区的分工深化,延伸产业链条,实现产业融合发展,使专业化项目发挥功能上的集聚效应;另一方面需要提升专业化项目发展品质,打造特色专业化产品的品牌,提高品牌竞争力,将区域品牌推广至全国甚至全球,进而参与更大范围的分工,提升区域整体竞争力。

④专业村集聚演化的可持续发展,政府应注重制度创新。专业村集聚发展的未来走势存在诸多不确定性,成熟期之后是能够可持续发展下去抑或是走向衰落取决于集聚区是否能够不断地进行制度创新。对于政府来说,制度创新的作用可以引导本地的专业化项目打破路径依赖,实

现路径创造。尤其是初期以资源型为主的专业项目，可能会受到资源约束的影响，在发展后期由于资源的有限性导致其进一步发展受到桎梏。而由于专业户等经济主体受其自身因素的制约，创新性会有一定的限制，因此需要政府的制度创新以激励经济主体的创新，在发展受限的情况下另辟蹊径，开辟新的专业项目，或者深化原有的专业项目，使区域经济能够可持续发展。当然，政府作用仍然以宏观调控为主，应以促进市场在资源配置中起决定性作用为导向，以完善产权制度和要素市场化配置为重点，以激发参与主体活力和人才潜能为依托，激活农村发展活力和新产业、新业态、新模式的发展潜能，培育"三农"发展新的增长点。

6.5　本章小结

本章在总结系统动力学模型特点及优势的基础上，分析系统动力学方法对专业村集聚演化研究的适用性，认为专业村集聚系统本身的特征与系统动力学的特点较为契合，利用该研究方法对专业性集聚演化的过程及机理进行分析从方法论上具有可行性。结合第4章专业村集聚演化的理论分析，进一步从系统论视角分析专业村集聚演化的机理，认为自组织特性是其演化的主要动力、涨落机理是其演化的基本规律、突变分叉是专业村集聚系统的选择机理。

基于此，按照系统动力学一般模型构建的流程，首先分析专业村集聚的系统问题，确定研究边界，构建要素流因果关系图，从影响专业村集聚效应的主要因素：人才、技术、资本、市场等四个模块分别构建子系统的因果反馈图，厘清各个要素之间相互作用机制，然后在因果关系图的基础上构建整个专业性集聚系统的系统动力流图，通过存量、流量、控制变量、隐藏变量等将系统中主要影响因素量化，并构建系统函数模型，设置模型参数值与初始条件。依据所构建的系统动力学模型对河南太行山麓专业村集聚区的演化进行模拟、预测和政策情景仿真，并在此基础上提出针对性的政策建议。

（1）通过边界适当性检验、量纲一致性检验、结构评价检验和灵敏度检验对专业村集聚的系统动力学模型进行了检验，通过检验，认为该模型可以用于模拟河南太行山麓专业村集聚的演化过程和探讨其演化机理。

（2）总体来看，专业村集聚效应呈现出"S"形曲线的发展趋势，可以将此曲线粗略地划分为三个时期：形成期（0—8年）、成长期（8—20年）、成熟期（20—30年）。这一划分结果与理论分析部分相吻合。进一步将原因图也按照此时间节点划分，可以进一步分析在演化的不同阶段，各主要要素在演化中的作用。在形成期，集聚效应维持在低水平，此阶段资本对集聚效应的贡献最为显著；在成长期，集聚效应迅速攀升，人才和技术对集聚效应的贡献迅速提高；在成熟期，集聚效应较为稳定，人才对集聚效应的贡献度逐渐下降，技术和资本对集聚效应的贡献度仍处在上升期。

（3）设置了四种不同政策情景下集聚效应的仿真模拟，仿真结果发现：在提高政府人才激励作用变量的情景下，集聚效应在形成期并没有明显提高，而是在成长期以后才有显著提高，说明在专业村集聚演化的形成期，政府作用对人才这一要素尚且不能起到重要作用；在加大政府技术推广作用变量的情景下，集聚效应在形成期的变化不显著，而在成长期和成熟期变化较为明显，这说明政府的技术推广作用在专业村集聚演化的后期非常有必要；在提高政府金融服务作用变量的情景下，集聚效应在形成期就有明显的提高，且在成熟期对集聚效应的贡献也较为显著，这说明在专业村集聚过程中，资金短缺伴随着其发展的始终，尤其是起步阶段和发展的中后期，政府的金融支持对专业村集聚效应的提高具有较大的作用。

（4）鉴于以上政策情景仿真的结果，提出以下政策建议：专业村集聚演化发展的形成期，政府应加强发展方向上的引导和良好经济环境的营造；专业村集聚演化发展的成长期，政府应为专业村集聚区的结构转型和质量提升提供制度保障；专业村集聚演化发展的成熟期，政府应加强本地专业化项目的整体实力和竞争力的提升；专业村集聚演化的可持续发展，政府应注重制度创新。

7
结论与展望

7.1 主要研究结论

专业村集聚演化是一个复杂的系统演化过程，在这一过程中，多层级要素在不同的时间维度和空间维度发挥着不同的作用，其演化趋势是系统中众多合力共同作用的结果。课题组在多次实地调研的基础上，选取河南太行山麓为案例区，通过规范分析与实证分析探讨专业村集聚演化过程及机理。主要结论如下：

7.1.1 基本结论

（1）专业村集聚的含义包括三方面：一是空间上的地理集聚；二是功能上的有机整合；三是时间尺度上的动态演化。专业村集聚的外延（空间）演化往往遵从"中心—外围"模型的路径，由最早发展专业项目且效益较好的专业村向外扩散，由点到面，逐渐形成集聚区；专业村集聚的内涵（功能）演化主要受到亲缘、地缘及业缘联系的影响，逐渐形成横向一体化、纵向一体化和集聚网络化，带来规模效应、协同效应和累积效应，进而导致集聚区内部的专业村之间的联系密度逐渐增强；专业村集聚的外延和内涵是不断动态演化的。

（2）专业村集聚演化过程可以分为三个阶段，且不同阶段主要影响因素和驱动机理不同。形成期以资源禀赋为基础，以根植性与路径依赖为机理；成长期则以劳动力流动为核心，考察这一要素流动所表征的人才、技术、市场的变迁，进而通过分工与专业化机制推动专业村集聚发展；成熟期由于负外部性是集聚系统本身无法克服和解决的，因此政府作用是该阶段集聚系统能否健康可持续发展的关键。

通过系统动力学对上述理论分析进行验证，发现河南太行山麓专业村集聚效应呈"S"形发展趋势,可以将此曲线粗略地划分为三个阶段:形成期(0—8年)、成长期(8—20年)和成熟期(20—30年)。在专业村集聚初期,资本(尤其是资源型资本)起主要作用,这一作用主要通过资源禀赋的根植性与路径依赖机理进行传导;而成长期,人才和技术是集聚效应增长的关键,随着分工与专业化的深化,专业村的功能集聚更加凸显,以原有的专业项目为依托,逐渐地向其前向、后向关联产业发展,原有的技术已不能满足发展需求,因此对技术与专业人才的需求也日渐增多;到了成熟期,专业村集聚的规模已逐渐突破最佳规模,负外部性出现,政府作用在此阶段较为显著。

(3)进一步从微观主体视角来看,专业村集聚处在多种力量和行为层次的交界面,其发展演化是一个多层级多阶段共同演化互动的过程。基于微观主体选择互动对象的随机概率,借用三分法将专业村集聚发展的共演互动过程分为三个大的发展阶段:第一是共演系统的形成阶段,微观经济主体仅与少数的几个对象互动合作,且关系比较稳定。第二是共演系统的成长阶段,此阶段专业村集聚主体之间以及与外部环境之间共演型互动的随机性增加,微观主体之间不再局限于早期基于亲缘和地缘的联系对象,而是积极寻求更有利于自身发展的互动网络。互动层级也不仅仅限于微观层面,中观层面的经济主体与外部环境的相互作用也越来越多。第三是成熟稳定的发展阶段,全面的多层级互动已经实现。主要表现为各层级内部的互动交流频率增加,交流层次不断提高,尤其是微观主体的专用知识进一步增加,且知识的可编码化程度提高,同类主体之间的模仿较易发生,竞争也日趋激烈。

通过社会网络分析法对理论分析进行验证,发现河南省太行山麓专业村集聚经历了低水平均衡阶段、极核阶段和高水平均衡阶段。在低水平均衡阶段,专业村之间联系密度低,经济主体之间联系较少;在极核阶段,随着区域内专业村数量的增加及规模的扩大,某些具有独特优势(资源、区位、能人等)的专业村成为该区的"增长极",形成初步的职能上的层级关系;在高水平均衡阶段,横向一体与纵向一体的各种专业村之间、专业村与外部的经济主体之间形成相互依赖、相互制约的相对均衡的网络结构，网络结构的协同效应促使集聚区专业村向更高水平发展，进而推动区域整体发展水平。

7.1.2 理论延伸与思考

本书对专业村集聚演化机理的分析是在集聚理论、地方化经济理论、分工与专业化理论、复杂系统与自组织演化理论以及界面理论的基础上展开的，而这一问题的研究也有助于对上述部分理论进行延伸和思考：

（1）对于集聚理论来说，其可以用于微观企业、中观产业及宏观区域集聚的研究，而专业村集聚有其特殊性。专业村集聚并不能单纯地归入哪一类研究尺度，它涵盖了微观、中观、宏观三个层面。从微观层面来看，其主体是专业户与企业，专业村的形成实质就是专业户的集聚；从中观层面来看，专业村与一般村域经济发展的区别就在于这些专业村形成了主导产业，而多个从事相同或相关专业村的集聚，实际上就形成了产业集聚，不过与传统意义上的产业集聚不同，这里的产业集聚是以村域为主，企业为辅的；从宏观尺度来看，专业村集聚区的经济发展一般强于周边一般农村的发展，因此，在区域经济中形成了发展的"高地"（也称为"中心"），与周围区域形成"中心—外围"的发展模式，是区域层面的集聚发展。因此，专业村集聚是多空间尺度的集合体，对其研究能够丰富集聚理论。

（2）对于界面理论来说，自然科学领域对界面的研究多是以实体界面作为研究对象，而实际上，在社会、经济、管理等人文社科的研究领域，还存在着许多"虚"界面。这些界面表面看上去并没有显性的交界，但是却存在着看不见的"隐性"交界，如关系的交界。专业村集聚就处在不同层面不同主体之间关系的交界处。本书将自然和人文学科对界面的研究进行综合，既研究"实界面"，也研究"虚界面"。在案例区选择方面，利用地理学科的空间界面理论，选择了处于多个界面处（实界面）的河南太行山麓作为研究案例区，以使研究数据更为丰富和完善；本书还提出了将专业村集聚系统本身看作一个界面（虚界面）问题，而且它是一个多重界面问题，即处在多个系统交叉之处，在系统动力学模型构建中也可以发现，专业村集聚系统的发展是各个子系统交互发展的结果。本书将集聚视为多种行为主体（如经济个体、企业、政府、中介组织等）在多种力量相互博弈中寻求的利益均衡点，这种均衡并不是静态的，而是不断动态演化的，这一思路是对界面理论研究外延的一个拓展。

7.1.3 政策建议

通过政策情景仿真设置了四种不同政策情景，仿真结果发现：在提高政府人才激励作用变量的情景下，集聚效应在形成期并没有明显提高，而是在成长期以后才有显著提高，说明在专业村集聚演化的形成期，政府作用对人才这一要素尚且不能起到重要作用；在加大政府技术推广作用变量的情景下，集聚效应在形成期的变化不显著，而在成长期和成熟期变化较为明显，这说明政府的技术推广作用在专业村集聚演化的后期非常有必要；在提高政府金融服务作用变量的情景下，集聚效应在形成期就有明显的提高，且在成熟期对集聚效应的贡献也较为显著，这说明在专业村集聚过程中，资金短缺伴随着其发展的始终，尤其是起步阶段和发展的中后期，政府的金融支持对专业村集聚效应的提高具有较大的作用。

鉴于以上政策情景仿真结果，提出专业村发展不同阶段的政策建议：

（1）专业村集聚演化发展的形成期，政府应加强发展方向上的引导和良好经济环境的营造。专业化项目的形成和推广，在初期往往受到资源禀赋的影响，当地政府应该在结合本地地域特色和优势的基础上，选择具有比较优势的项目，引导部分适合农村特点、在农村发展具有比较优势的产业或企业转移到农村。规避单一化和"一刀切"倾向，政府推广的专业化项目虽然有利于专业村的集聚发展，但是也容易造成当地同类产品的恶性竞争。因此，政府在推广专业化项目的时候，应该根据专业项目在本区域的发展态势，以市场为导向，以服务农户、企业及各经济主体为主要职能，因势利导，因地制宜，推进农业专业项目深化发展。而且要特别注重专业化项目落地之后的持续培育问题，要为专业化项目的发展提供良好的发展环境，尤其是需要帮助农户解决其发展最大的障碍——资金短缺，可以在完善农村金融体制的基础上，为农户尤其是专业户的融资提供政策支持。

（2）专业村集聚演化发展的成长期，政府应为专业村集聚区的结构转型和质量提升提供制度保障。在成长期，随着分工的深化和专业化程度的提高，人才和技术要素成为专业村集聚发展的重要支撑。专业化人才的来源包括两类：一类是本地人力资源，这类资源主要是原来的专业户，但是随着专业化项目的发展，仅靠以往的经验已不能适应其发展，因此这类人力资源需要通过技术培训成为专业技术人才，并通过组织创新鼓励能人脱颖而出；另一类则是外部引进的人才，包括政府直接聘请的专业技术指导员、专家顾问和企业引进的技术型人才。要改变人才和优质资源过度向城市单向流动的格局，引导更多适合农村特点的人才和优质资源参与乡村振兴，统筹推进事业引人、感情引人、文化引人、环境引人等多种人才吸引手段，广纳社会人才和社会资本到农村创新创业。对于这两类人才，政府需要提供制度上的保障以使得人才资源与专业村发展相匹配。而对于技术要素来说，政府应充分发挥其协调能力，加强对外联系，将先进技术引入本地，并营造创新氛围，协调科研机构与企业、专业村的实体经济融合，促进产学研的交流与合作。

（3）专业村集聚演化发展的成熟期，政府应加强本地专业化项目的整体实力和竞争力的提升。在成熟期，专业村发展的集聚效应已经较为明显，单体专业村的专业化已经逐渐发展成为区域专业化，区域作为一个专业化整体要参与更大空间尺度的分工，如何在这一分工中提高本地的竞争优势，成为专业村集聚区是否能够可持续发展下去的关键。因此，在此阶段，政府对本地专业项目的提升至关重要。一方面需要加强集聚区的分工深化，延伸产业链条，实现产业融合发展，使专业化项目发挥功能上的集聚效应；另一方面需要提升专业化项目发展品质，打造特色专业化产品的品牌，提高品牌竞争力，将区域品牌推广至全国甚至全球，进而参与更大范围的分工，提升区域整体竞争力。

（4）专业村集聚演化的可持续发展，政府应注重制度创新。专业村集聚发展的未来走势存在诸多不确定性，成熟期之后是能够可持续发展下去抑或是走向衰落取决于集聚区是否能够不断地进行制度创新。对于政府来说，制度创新的作用可以引导本地的专业化项目打破路径依赖，实现路径创造。尤其是初期以资源型为主的专业项目，可能会受到资源约束的影响，在发展后期由于资源的有限性导致其进一步发展受到桎梏。而由于专业户等经济主体受其自身因素的制约，创新性会有一定的限制，因此需要政府的制度创新以激励经济主体的创新，在发展受限的情况下另辟蹊径，开辟新的专业项目，或者深化原有的专业项目，使区域经济能够可持续发展。当然，政府作用仍然以宏观调控为主，应以促进市场在资源配置中起决定性作用为导向，以完善产权制度和要素市场化配置为重点，以激发参与主体活力和人才潜能为依托，激活农业农村发展活力和农村资源、要素、新产业新业态新模式的发展潜能，培育"三农"发展的兴奋点和新增长点。

7.2 创新与展望

7.2.1 创新点

（1）丰富了专业村集聚的内涵，侧重于集聚功能的研究。将专业村集聚的含义由空间上的概念拓展至功能，由静态延伸至动态，侧重探讨专业村集聚在功能联系上的动态演化机理。从理论和实证两方面解读专业村集聚演化不同阶段的驱动机理，包括根植性与路径依赖驱动的形成机理，分工、专业化与规模经济主导的内生演进机理，外部性与政府作用的外生驱动机理以及多层级多阶段互动的共同演化机理。

（2）从系统论视角阐释了专业村集聚演化机理。已有成果探讨专业村及专业村集聚形成及发展因素时，多以单向因果关系分析为主，较少考虑因素间相互作用关系。而事实上，专业村及其集聚发展是一个系统问题，要素之间存在着相互掣肘的微妙关系。本书从系统论视角对专业村集聚演化的机理进行系统分析，通过"流"的动态分析，分析人才流、资本流、技术流等要素对专业村集聚效应的共同作用，将系统结构和系统功能联系起来，摒弃了相互割裂的弊端，对专业村集聚系统中不同主体、不同要素在不同层面和不同阶段的复杂关系进行尝试性的探讨。

7.2.2 研究不足与展望

专业村集聚演化是一个复杂的多变量多尺度多层级的动态系统，对其研究也是一个长期的课题。由于一些主客观条件的限制，本书仍有诸多不足之处，有待在今后的研究中予以完善。

（1）专业村集聚演化机理的模型构建尚需进一步完善。专业村集聚系统是一个复杂的巨系统，其发展演化过程受到多层面多阶段多主体的影响，要想通过模型的方式将诸多因素纳入研究框架无疑是非常困难的，本书的理论模型在假设的基础上尽量简化，以求突出主要和本质问题，因此模型具有高度概括性。受多方所限，目前构建的模型还比较粗浅，有待进一步完善。

（2）由于数据的可得性，现有数据的时间跨度不够长，因此模拟的时段尺度较为有限，不能预测更长时段的专业村演化的状况。进一步收集长时段的数据进行模拟预测更能完整地描述专业村集聚演化的全貌，尤其是专业村集聚在成熟期之后可能会存在多种更为复杂的情况，有可能通过转型升级呈现螺旋式上升趋势，也有可能走向衰退甚至是消失的情况。今后需要对专业村集聚进行持续的跟踪调查，进一步充实研究结果。

（3）由于本书的重点在于阐释专业村集聚演化的一般性规律，因此并没有将专业村按照不同类型分类研究。但实际上，不同类型专业村的发展演化也都有各自独特的模式，分别对其进行针对性的研究有其必要性，这也是以后进一步研究的方向。

参考文献

[1] Bagella M, Becchetti L, Sacchi S. The positive link between geographical agglomeration and expert industry: The engine of Italian endogenous growth? [J]. In Bagella M, Becchetti L (eds.), The competitive advantage of industrial districts: Theoretical and empirical analysis, A Springer - Verlag company, 2000: 95 - 126.

[2] Barlas Y. Formal aspects of model validity and validation in system dynamics [J]. System Dynamics Review, 1996, 12 (3): 183 - 210.

[3] Becattini G. II distretto industriale marshalliano come concetto socio - economico [M]. Italia: Distretti industriali e cooperazione tra imprese, 1991: 51 - 65.

[4] Bertalanffy L V. An outline of general system theory [J]. British Journal for the Philosophy of Science, 1950, 1 (2): 134 - 165.

[5] Boschma R A. Proximity and innovation: A critical assessment [J]. Regional Studies, 2005, 39: 61 - 74.

[6] Brandth B, Haugen M S. Farm diversification into tourism implications for social identity? [J]. Journal of Rural Studies, 2011, 27 (1): 35 - 44.

[7] Browne R B. From the miners' doublehouse: Archeology and landscape in a pennsylvania coal company town by karen bescherer metheny [J]. Journal of American Culture, 2010, 30 (3): 341.

[8] Burt R S. Structural holes: The social structure of competition [M]. Explorations in economic sociology, 1993.

[9] Charles D G. Horizontal integration and cortical dynamics [J]. Neuron, 1992, 9 (1): 1 - 13.

[10] Cliff A, Ord J K. Spatial autocorrelation [M]. London: Pion, 1973.

[11] Cobia D W. Cooperatives in agriculture [M]. New Jersey: Prentice Hall, 1989.

[12] Coleman D C. Proto – Industrialization: Aconcept too many [J]. Economic History Review, 1983, 36 (3): 435 – 448.

[13] Coleman M, Mabuza A M, et al. Using the SatScan method to detect local malaria clusters for guiding malaria control programmes [J]. Malaria Journal, 2009, 8 (1): 1.

[14] Duranton G, Puga D. Micro – Foundations of urban agglomeration economies [J]. Social Science Electronic Publishing, 2003, 4 (4): 2063 – 2117.

[15] Eigen M. Selforganization of matter and the evolution of biological macromolecules [J]. Die Naturwissenschaften, 1971, 58 (10): 465 – 523.

[16] Ellison G, Glaeser E L. The geographic concentration of industry: Does natural advantage explain agglomeration? [J]. American Economic Review, 1999, 89 (2): 311 – 316.

[17] Feser E J. Introduction to regional industry cluster regional industry cluster analysis analysis [R]. Department of City & Regional Planning, University of North Carolina at Chapel Hill, 2001.

[18] Forrester J W, Warfield J N. World dynamics [J]. IEEE Transactions on Systems Man & Cybernetics, 1971, 2 (4): 558 – 559.

[19] Garner J. The model company town [M]. Amherst: The University of Massachusetts Press, 1984.

[20] Giuliani E. The selective nature of knowledge network in clusters: evidence from the wine industry [J]. Journal of Economic Geography, 2007 (7): 139 – 168.

[21] Gullickson G L. Agriculture and cottage industry: redefining the causes of proto – industrialization [J]. Journal of Economic History, 1983, 43 (4): 831 – 850.

[22] Granovetter M S. The strength of weak ties [J]. American Journal of

Sociology, 1973, 78 (6): 347-367.

[23] Granovetter M S. Economic action and social structure: The problem of embeddedness [J]. American Journal of Sociology, 1985, 91 (3): 481-510.

[24] Hayek F A. The use of knowledge in society [J]. American Economic Review, 1945 (35): 519-530.

[25] Henderson J V. The sizes and types of cities [J]. American Economic Review, 1974, 64 (4): 640-656.

[26] Henderson J V. Efficiency of resource usage and city size [J]. Journal of Urban Economics, 1986, 19: 47-70.

[27] Henderson J V. Externalities and industrial development [J]. Cityscape, 1994, 1 (1): 75-93.

[28] Henderson J V, Storeygard A, Weil D N. Measuring economic growth from outer space [J]. American Economic Review, 2012, 102 (2): 994-1028.

[29] Hill E W, Brnan J F. A methodology for identifying the drivers of industrial clusters: The foundation of regional competitive advantage [J]. Economic Development Quarterly, 2000 (2): 67-74.

[30] Hotelling H. Stability in competition [J]. Economic Journal, 1929, 39 (153): 41-57.

[31] Holland J. Bank lending relationships and the complex nature of bank - corparate relations [J]. Journal of Business Finance & Accounting, 1994, 21 (3): 367-393.

[32] Igusa K. Globalization in Asia and local revitalization efforts: a view from one village one product (OVOP) movement in Oita [J]. College of Asia Pacific Management, Ritsumeikun Asia Pacific University, Oita: Japan: 2006: 58.

[33] Iyalomhe F, Jensen A, Critto A, et al. The science - policy interface for climate change adaptation: the contribution of communities of practice theory [J]. Environmental Policy & Governance, 2013, 23 (6): 368-380.

[34] Karantinin, K, Zago, A. Cooperatives and membership conimitment: Endogenous membership in mixed duopsonies [J]. American Journal of

Agricultural Economics, 2001, 83 (5): 1266 - 1272.

[35] Kay R. Caring communities: processes of marginalization and access to formal and informal care and assistance in rural Russia [J]. Journal of Rural Studies, 2011, 27 (1): 45 - 53.

[36] Krackhardt D. Graph theoretical dimensions of informal organizations [M] // Computational organization theory. Hillsdale, NJ: Lawrence Erlbaum Associates Inc, 1994: 89 - 111.

[37] Krugman P R. Increasing returns, monopolistic competition, and international trade [J]. Journal of International Economics, 1979, 9 (4): 469 - 479.

[38] Krugman P. History versus expectations [J]. Quarterly Journal of Economics, 1991a, 106 (2): 651 - 667.

[39] Krugman P. Increasing returns and economic geography [J]. Journal of Political Economy, 1991b, 99 (3): 483 - 499.

[40] Kurokawa K. Effectiveness and limitations of the "One Village One Product" (OVOP) approach as a government - led development policy: Evidence from Thai "One Tambon One Product" (OTOP) [J]. Studies in Regional Science, 2009, 39 (4): 977 - 989.

[41] Lanaspa L F, Pueyo F, Sanz F. The public sector and Core - Periphery Models [J]. Urban Studies, 2001, 38 (10): 1639 - 1649.

[42] Malowist M. The economic and social development of the Baltic countries from the fifteenth to the seventeenth centuries [J]. Economic History Review, 2010, 12 (2): 177 - 189.

[43] Martin R, Sunley P. Path dependence and regional economic evolution [J]. Journal of Economic Geography, 2006, 6 (4): 395 - 437.

[44] Maynard S J, Szathmáry E. The origins of life: From the birth of life to the origin of language [M]. Oxford: Oxford University Press, 2003.

[45] Mckelvey B. Perspective - quasi - natural organization science [J]. Organization Science, 1997, 8 (4): 351 - 380.

[46] Meliciani V, Savona M. The determinants of regional specialization in

business services: agglomeration economies, vertical linkages and innovation [J]. Journal of Economic Geography, 2015, 15 (2): 1 – 30.

[47] Mendels F F. Proto – Industrialization: The first phase of the industrialization process [J]. Journal of Economic History, 1972, 32 (1): 241 – 261.

[48] Mills E S, McDonald J F. Editors' introduction [A]. Research, Rutgers University, xiii – xxv, 1992.

[49] Mitra J. Building entrepreneurial clusters [R]. Final Dissemination Workshop, University of Luton, United Kingdom, 2003.

[50] Mukai K, Fujikura R. One village one product: evaluations and lessons learnt from OVOP aid projects [J]. Development in Practice, 2015, 25 (3): 389 – 400.

[51] Neffke R R, Svensson H M, Boschma R A, Lundquist et al. The dynamics of agglomeration externalities along the life cycle of industries [J]. Regional Studies, 2011, 45: 49 – 65.

[52] Nicholas C, Gill V. Key methods in geography [M]. London: SAGE Publications Ltd, 2003.

[53] Padmore T, Gibson H. Modelling systems of innovation: II. A framework for industrial cluster analysis in regions [J]. Research Policy, 1998, 26 (6): 625 – 641.

[54] Parsons K C. The model company town: Urban design through private enterprise in nineteenth – century New England [J]. New England Quarterly, 1986, 58 (4): 639.

[55] Pietrobelli C. The socio – economic foundations of competitiveness: An econometric analysis of Italian industrial districts [J]. Industry and Innovation, 1998, 5 (2): 139 – 155.

[56] Pillar E, Camm R, Guzman M. Catechol oxidation by ozone and hydroxyl radicals at the air – water interface [J]. Environmental science & technology, 2014, 48 (24): 14352 – 14360.

[57] Porteous J D. The nature of the company town [J]. Transactions of

the Institute of British Geographers, 1970, 51 (51): 127 – 142.

[58] Prigogine I. Structure, dissipation and life [J]. Theoretical Physics and Biology, 1969, 15 (3): 23 – 52.

[59] Qiao J, Lee J, Ye X. Spatiotemporal evolution of specialized villages and rural development: A case study of Henan Province, China [J]. Annals of the American Association of Geographers, 2016, 106 (1): 57 – 75.

[60] Rozelle S, Boisvert R N. Control in a dynamic village economy: The reforms and unbalanced development in China's rural economy [J]. Journal of Development Economics, 1995, 46 (2): 233 – 252.

[61] Saxenian A L. Regional advantage: Culture and competition in Silicon Valley and Route 128 [J]. Contemporary Sociology, 1995, 32 (1): 100 – 101.

[62] Schmitz H. Collective efficiency: Growth path for small – scale industry [J]. Journal of Development Studies, 1995, 31 (4): 529 – 566.

[63] Sexton R J. The formation of cooperatives: A Game – theoretic approach with implications for cooperative finance, decision making and stability [J]. American Journal of Agricultural Economics, 1983, 68 (2): 1084 – 1089.

[64] Smith J M, Price G R. The theory of games and the evolution of animal conflict [J]. Journal of Theory Biology, 1973, 246 (2): 15 – 18.

[65] Solow R M. Technical change and the aggregate production function [J]. Review of Economics & Statistics, 1957, 39 (3): 554 – 562.

[66] Stanger H R. The company town: The industrial edens and satanic mills that shaped the American economy [J]. Historian, 2011, 73 (4): 819 – 820.

[67] Stoica I, Tălângă C, Braghina C, et al. Ways of managing the urban – rural interface. Case study: Bucharest [J]. Annals of the University of Oradea Geography, 2011 (2): 313 – 322.

[68] Taaffe E J. The urban hierarchy: An air passenger definition [J]. Economic Geography, 1962, 38 (1): 1 – 14.

[69] Todd H C, Alan D M. Managing the emergence of clusters: an increas-

ing returns approach to strategic change [J]. Emergence, 2001, 3 (3): 58 – 89.

[70] Van D G, Kyriakopoulos K, Nilsson J. Overview and discussion: The future of agricultural cooperatives in the EU [R]. The Development of Agricultural Cooperatives in European Union. Assen, NL: van Gorcum, 1997.

[71] Wang J F, Hu Y. Environmental health risk detection with GeogDetector [J]. Environmental Modelling & Software, 2012, (33): 114 – 115.

[72] Wang J F, Haining R, Liu T J, et al. Sandwich estimation for multi – unit reporting on a stratified heterogeneous surface [J]. Environment and Planning A, 2013a, 45 (10): 2515 – 2534.

[73] Wang J F, Hu M G, Xu C D, et al. Estimation of citywide air pollution in Beijing [J]. PLos one, 2013b, 8 (1): e53400.

[74] Wang J F, Li X H, Christakos G, et al. Geographical detectors – based health risk assessment and its application in the neural tube defects study of the Heshun region, China [J]. International Journal of Geographical Information Science, 2010, 24 (1): 107 – 127.

[75] Wang J F, Reis B Y, Hu M G, et al. Area disease estimation based on sentinel hospital records [J]. PLos one, 2011, 6 (8): e23428.

[76] Wang J F, Zhang T L, Fu B J. A measure of spatial stratified heterogeneity [J]. Ecological Indicators, 2016, 67: 250 – 256.

[77] Wasserman S, Katherine F. Social network analysis: Methods and applications [M]. Cambridge: Harvard University Press, 1994.

[78] Watts D. Networks, dynamics and the small – world phenomenon [J]. American Journal of Sociology, 1999, 105: 493 – 527.

[79] Weber B H. Naturalselection and self – organization: Dynamical model as clues to a new – Evolutionary Synthesis [J]. Biology and Philosophy, 1996, 11: 33 – 65.

[80] Williamson O E. The economic institutions of capitalism: Finns, markets, relational contracting [M]. New York: The Free Press, 1985.

[81] Williamson O E. Markets and hierarchies: Analysis and antitrust im-

plications: A study in the economics of internal organization [M]. New York: Long Beach Press, 2005: 76 - 78.

[82] White H C. Glossary of major symbols: Chains of opportunity system models of mobility in organizations [M]. Cambridge: Harvard University Press, 1970.

[83] Wu L Y. Generalized architecture [M]. Beijing: Tsinghua University Press, 1989: 178 - 201.

[84] Young A A. Increasing returns and economic progress [J]. Economic Journal, 1928, 38 (152): 527 - 542.

[85] Zusmaa, P. Constitutional selection of collective choice rules in a co-operative enterprise [J]. Journal of Economic Behavior and Organization, 1992, 17 (3): 353 - 362.

[86] Zusman P, Rausser G C. Intraorganizational influence relations and the optimality of collective action [J]. Journal of Economic Behavior & Organization, 1994, 24 (1): 1 - 17.

[87] 阿兰·兰德尔. 资源经济学 [M]. 施以正, 译. 北京: 商务印书馆, 1989.

[88] 爱泼斯坦. 自由与增长 [M]. 宋丙涛, 译. 北京: 商务印书馆, 2011.

[89] 安虎森. 空间接近与不确定性的降低——经济活动聚集与分散的一种解释 (1) [J]. 南开经济研究, 2001 (3): 51 - 56.

[90] 安虎森, 季赛卫. 演化经济地理学理论研究进展 [J]. 学习与实践, 2014 (7): 5 - 18.

[91] 安虎森, 蒋涛. 块状世界的经济学——空间经济学点评 [J]. 南开经济研究, 2006 (5): 92 - 103.

[92] 安虎森, 栾秋琳. 新常态下的"三农"问题 [J]. 经济与管理评论, 2015 (6): 5 - 12.

[93] 安虎森, 朱妍. 产业集群理论及其进展 [J]. 南开经济研究, 2003 (3): 31 - 36.

[94] 白丹丹，乔家君. 服务型专业村的形成及其影响因素研究——以河南省王公庄为例 [J]. 经济地理，2015，35（3）：145-153.

[95] 白瑞雪. 演化经济学与经济学的演进 [M]. 北京：中国人民大学出版社，2012.

[96] 保罗·克鲁格曼. 地理和贸易 [M]. 张兆杰，译. 北京：中国人民大学出版社，2000.

[97] 曹鸿兴. 界壳现象及其学术框架 [R]. 北京：中国气象科学研究科技报告，1988.

[98] 曹鸿兴，封国林，蔡秀华，等. 界壳论精要及其应用 [M]. 北京：科学出版社，2011.

[99] 曹智，刘彦随，李裕瑞，等. 中国专业村镇空间格局及其影响因素 [J]. 地理学报，2020，75（8）：1647-1666.

[100] 崔之珍，李二玲，刘晨光. 黄河流域绿色农业专业村的时空演变及机制 [J]. 经济地理，2021，41（12）：158-166.

[101] 陈华杰，黄俊娴. 硅谷科技产业集群中的"三螺旋"演变路径透视——基于波特"钻石模型"视角 [J]. 科学与管理，2016，36（1）：48-52.

[102] 陈建胜. 分工·市场·合作——基于浙江专业村发展路径研究 [J]. 中外企业家，2007（12）：89-91.

[103] 陈良文，杨开忠，吴姣. 地方化经济与城市化经济——对我国省份制造业数据的实证研究 [J]. 经济问题探索，2006（11）：18-25.

[104] 陈学基，朱学新，刘桂才. 专业村是大规模发展农村商品生产的重要经济形式——关于常熟市专业村的调查 [J]. 苏州大学学报，1984（3）：27-30.

[105] 杜相佐，王成，蒋文虹，等. 基于引力模型的村域农村居民点空间重构研究——以整村推进示范村重庆市合川区大柱村为例 [J]. 经济地理，2015，35（12）：154-160.

[106] 冯云廷. 从城镇化到城市化：农村城镇化模式的转换 [J]. 中国农村经济，2006（4）：71-74.

[107] 付晓东, 付俊帅. 主导产业根植性的理论渊源与启示 [J]. 区域经济评论, 2017 (1): 26-32.

[108] 高飞. 产业地理集中的理论分析及应用 [J]. 南京社会科学, 2002 (1): 15-18.

[109] 高更和, 石磊. 专业村形成历程及影响因素研究——以豫西南3个专业村为例 [J]. 经济地理, 2011, 31 (7): 1166-1170.

[110] 葛莹, 姚士谋, 蒲英霞, 等. 运用空间自相关分析集聚经济类型的地理格局 [J]. 人文地理, 2005, 20 (3): 21-25.

[111] 韩冬, 乔家君, 马玉玲. 基于空间界面视角的新时期乡村性空间分异机理——以河南省巩义市为例 [J]. 地理科学进展, 2018, 37 (5): 655-666.

[112] 贺灿飞, 黎明. 演化经济地理学 [J]. 河南大学学报 (自然科学版), 2016, 46 (4): 387-391.

[113] 贺灿飞, 刘洋. 产业地理集中研究进展 [J]. 地理科学进展, 2006, 25 (2): 59-69.

[114] 贺灿飞, 潘峰华. 产业地理集中、产业集聚与产业集群: 测量与辨识 [J]. 地理科学进展, 2007, 26 (2): 1-13.

[115] 何雄浪, 李国平, 杨继瑞. 我国产业集聚原因的探讨——基于区域效应、集聚效应、空间成本的新视角 [J]. 南开经济研究, 2007 (6): 43-60.

[116] 胡佛. 区域经济学导论 [M]. 北京: 商务印书馆, 1990.

[117] 黄蓓, 王瑜. 林业产业集群竞争力研究 [J]. 中国人口·资源与环境, 2011 (S1): 554-557.

[118] 黄福江, 高志刚. 基于"钻石模型"的荷兰花卉产业集群要素分析及经验启示 [J]. 世界农业, 2016 (2): 12-15.

[119] 黄海平, 龚新蜀, 黄宝连. 基于专业化分工的农业产业集群竞争优势研究——以寿光蔬菜产业集群为例 [J]. 农业经济问题, 2010 (4): 64-69.

[120] 黄泰岩, 牛飞亮. 西方企业网络理论述评 [J]. 经济学动态,

1999 (4): 63-67.

［121］黄欣荣. 复杂性科学与哲学［M］. 北京：中央编译出版社，2007.

［122］黄映晖，史亚军，李立伟，等. 北京郊区"一村一品"发展特点、问题及对策分析［J］. 三农问题研究，2008，24（8）：490-494.

［123］黄祖辉，张静，陈志钢. 中国梨果产业价值链分析［J］. 中国农村经济，2008（7）：63-72.

［124］姜江，胡振华. 区域产业集群创新系统发展路径与机制研究［J］. 经济地理，2013，33（8）：86-90.

［125］蒋录全，吴瑞明，刘恒江，等. 产业集群竞争力评价分析及指标体系设计［J］. 经济地理，2006，26（1）：37-40.

［126］杰克·J. 弗罗门. 经济演化——探究新制度经济学的理论基础［M］. 李振明，刘社建，齐柳明，等，译. 北京：经济科学出版社，2003.

［127］金丽国. 区域主体与空间经济自组织［M］. 上海：上海人民出版社，2007.

［128］金祥荣，朱希伟. 专业化产业区的起源与演化：一个历史与理论视角的考察［J］. 经济研究，2002（8）：74-82.

［129］琚胜利，陶卓民. 南京市农家乐专业村的网络空间中心性［J］. 经济地理，2016，36（3）：109-117.

［130］库尔特·多普菲. 演化经济学：纲领与范围［M］. 贾根良，刘辉锋，崔学锋，译. 北京：高等教育出版社，2004.

［131］李陈，靳相木. 基于引力模型的中心镇空间联系测度研究——以浙江省金华市25个中心镇为例［J］. 地理科学，2016，36（5）：724-732.

［132］李春海，张文，彭牧青. 农业产业集群的研究现状及其导向：组织创新视角［J］. 中国农村经济，2011（3）：49-58.

［133］李二玲. 中国中部农区产业集群的企业网络研究［D］. 开封：河南大学，2006.

［134］李二玲，李小建. 农区产业集群、网络与中部崛起［J］. 人文地理，2006，21（1）：60-64.

[135] 李二玲,李小建. 欠发达农区传统制造业集群的网络演化分析——以河南省虞城县南庄村钢卷尺产业集群为例 [J]. 地理研究, 2009, 28 (3): 738-750.

[136] 李二玲,朱纪广,李小建. 2008年中国种植业地理集聚与专业化格局 [J]. 地理科学进展, 2012, 31 (8): 1063-1070.

[137] 李福柱. 演化经是经济地理学的理论框架与研究范式: 一个文献综述 [J]. 经济地理, 2011, 31 (12): 1975-1980.

[138] 李继志,封美晨. 农民专业合作社中工商资本与农户的合作机制研究——基于演化博弈论的视角 [J]. 中南林业科技大学学报, 2016, 36 (8): 136-140.

[139] 李金滟,宋德勇. 新经济地理视角中的城市集聚理论述评 [J]. 经济学动态, 2008 (11): 90.

[140] 李靖. 新型产业分工: 重塑区域发展格局 [M]. 北京: 社会科学文献出版社, 2012.

[141] 李克煌,管华,马建华,等. 自然地理界面理论与实践 [M]. 北京: 中国农业出版社, 1996.

[142] 李小建. 经济地理学 (第二版) [M]. 北京: 高等教育出版社, 2006.

[143] 李小建. 农户地理论 [M]. 北京: 科学出版社, 2009.

[144] 李小建. 中国中部农区发展研究 [M]. 北京: 科学出版社, 2010.

[145] 李小建,罗庆,樊新生. 农区专业村的形成与演化机理研究 [J]. 中国软科学, 2009 (2): 71-80.

[146] 李小建,周雄飞,乔家君,等. 不同环境下农户自主发展能力对收入增长的影响 [J]. 地理学报, 2009, 64 (6): 643-653.

[147] 李小建,周雄飞,郑纯辉,等. 欠发达区地理环境对专业村发展的影响研究 [J]. 地理学报, 2012, 67 (6): 783-792.

[148] 李亚静. 河南省专业村集聚研究 [D]. 开封: 河南大学, 2012.

[149] 李学鑫,陈世强. 中国农区文化创意产业集群形成演化的影响

因素研究——以河南民权"画虎村"为例［J］.地域研究与开发，2010，29（2）：17-20.

［150］梁琦.分工、集聚与增长［M］.北京：商务印书馆，2009.

［151］列宁.俄国资本主义发展［M］.焦敏之，译.北京：人民出版社，1951.

［152］林柄全，谷人旭，严士清，等.企业家行为与专业村形成及演变的关系研究——以江苏省宿迁市红庙板材加工专业村为例［J］.经济地理，2017，37（12）：17-24.

［153］刘丙章，高建华，李国梁.中原经济区复杂产业网络结构特征及演化［J］.人文地理，2016，131（2）：99-105.

［154］刘国新，闫俊周.评价产业集群竞争力的 GEMS 模型构建研究［J］.科技进步与对策，2010，27（2）：105-108.

［155］刘浩，马琳，李国平.京津冀地区经济发展冷热点格局演化及其影响因素［J］.地理研究，2017，36（1）：97-108.

［156］刘恒江，陈继祥.基于动力机制的我国产业集群发展研究［J］.经济地理，2005，25（5）：607-611.

［157］刘彦随.中国新时代城乡融合与乡村振兴［J］.地理学报，2018，73（4）：637-650.

［158］刘玉振，周灿，乔家君.欠发达农区特色种植空间扩散研究——以河南省大营村为例［J］.经济地理，2012，32（2）：116-120.

［159］刘中艳，李明生.旅游产业集群竞争力测度的 GEMS 模型构建及应用［J］.经济地理，2013，33（11）：187-192.

［160］龙花楼，刘彦随，张小林，等.农业地理与乡村发展研究新近进展［J］.地理学报，2014，69（8）：1145-1158.

［161］龙新.我国各类专业村已达5.5万个［N］.农民日报，2015-09-25.

［162］陆铭，陈钊.城市化、城市倾向的经济政策与城乡收入差距［J］.经济研究，2004（6）：50-58.

［163］芦千文.农村一、二、三产业融合发展研究述评［J］.农业经

济与管理，2016（4）：27-34.

[164] 卢松，陆林，徐茗. 我国传统村镇旅游研究进展[J]. 人文地理，2005，20（5）：70-73.

[165] 卢向虎，秦富. 国外"一村一品"运动对中国发展现代农业的借鉴[J]. 世界农业，2007（10）：16-19.

[166] 罗家德. 社会网络分析讲义[M]. 北京：社会科学文献出版社，2005.

[167] 马克思. 资本论（第一卷）[M]. 郭大力，王亚南，译. 北京：人民出版社，1963.

[168] 马建华，千怀遂，管华，等. 秦岭—黄淮平原交界带自然地理若干特征分析[J]. 地理科学，2004，24（6）：666-673.

[169] 马歇尔. 经济学原理上卷[M]. 朱志泰，译. 北京：商务印书馆，1981.

[170] 马玉玲，乔家君. 基于数理视角的空间界面存在性研究——以河南省城乡界面为例[J]. 地域研究与开发，2017，36（5）：11-16.

[171] 迈克尔·波特. 国家竞争优势[M]. 李明轩，邱如美，译. 北京：华夏出版社，1997.

[172] 孟庆民，杨开忠. 一体化条件下的空间经济集聚[J]. 人文地理，2001，16（6）：7-11.

[173] 苗长虹. 马歇尔产业区理论的复兴及其理论意义[J]. 地域研究与开发，2004，23（1）：1-6.

[174] 苗长虹，魏也华. 技术学习与创新：经济地理学的视角[J]. 人文地理，2007，22（5）：1-9.

[175] 苗长虹，魏也华. 分工深化、知识创造与产业集群成长——河南鄢陵县花木产业的案例研究[J]. 地理研究，2009，28（4）：853-864.

[176] 苗长虹，魏也华，吕拉昌. 新经济地理学[M]. 北京：科学出版社，2011.

[177] 苗长虹，张建伟. 基于演化理论的我国城市合作机理研究[J]. 人文地理，2012，27（1）：54-59.

[178] 宁金. 民国时期广西专业村兴起初探 [J]. 广西地方志, 2006 (6): 50-54.

[179] 牛文元. 社会物理学: 学科意义与应用价值 [J]. 科学, 2002, 54 (3): 32-35.

[180] 普军, 阎小培. 专业镇经济模式的形成机制、特征与发展策略研究——以佛山市为例 [J]. 人文地理, 2004, 19 (3): 26-30.

[181] 戚悦, 张晓艳. 区域产业集聚的判别及其竞争力测度研究——以云南省为例 [J]. 经济地理, 2011, 31 (2): 201-205.

[182] 齐双虎. 专业村建设在创建和谐新农村过程中的作用 [J]. 经济论坛, 2007 (24): 129-129.

[183] 钱学森, 于景元, 戴汝为. 一个科学新领域: 开放的复杂巨系统及其方法论 [J]. 自然杂志, 1990, 13 (1): 3-10.

[184] 乔家君. 典型农区村域人地系统定量研究 [M]. 北京: 科学出版社, 2005.

[185] 乔家君. 欠发达平原区村域特色种植销售市场的时空变化 [J]. 经济地理, 2009, 29 (12): 2055-2060.

[186] 乔家君. 中国乡村社区空间论 [M]. 北京: 科学出版社, 2011.

[187] 乔家君, 马玉玲. 城乡界面的经济效应 [J]. 经济地理, 2016a, 36 (9): 1-9.

[188] 乔家君, 马玉玲. 基于信息熵的城乡界面时空演化与分异——以河南省巩义市为例 [J]. 经济地理, 2016b, 36 (11): 1-7.

[189] 乔家君, 马玉玲. 城乡界面动态模型研究 [J]. 地理研究, 2016c, 36 (12): 2283-2297.

[190] 乔家君, 李亚静. 专业村集聚的空间测度——以河南省专业村为例 [J]. 地域研究与开发, 2014, 33 (5): 140-143.

[191] 乔家君, 李亚静. 专业村集聚的形成机理——以河南省专业村为例 [J]. 河南大学学报 (自然科学版), 2014, 44 (3): 312-316.

[192] 乔家君, 李亚静. 专业村集聚的空间表达——以河南省专业村

为例[J]. 经济地理, 2014, 34 (6): 142-148.

[193] 乔家君, 杨家伟. 中国专业村研究的新近进展[J]. 人文地理, 2013, 28 (5): 76-80.

[194] 乔家君, 张羽佳. 农业型专业村发展的时空演化——以河南省南阳市专业村为例[J]. 经济地理, 2014, 34 (4): 131-138.

[195] 渠立权, 骆华松, 陈建波. 基于区域职能视角的淮海经济区产业结构优化[J]. 经济地理, 2015, 35 (10): 116-122.

[196] 让·博西玛, 让·马丁. 演化经济地理学手册[M]. 李小建, 罗庆, 彭宝玉, 等, 译. 北京: 商务印书馆, 2016.

[197] 阮学金, 张军. 乡镇企业的社区性格和空间集聚[J]. 地理学与国土研究, 1999, 15 (1): 23-29.

[198] 萨缪尔森, 诺德豪斯. 经济学[M]. 萧琛, 译. 北京: 华夏出版社, 1999.

[199] 邵科, 黄祖辉. 农民专业合作社成员参与行为、效果及其作用机理[J]. 西北农林科技大学学报 (社会科学版), 2014, 14 (6): 45-50.

[200] 邵留长. 河南省专业村集聚机理探析[D]. 开封: 河南大学, 2016.

[201] 邵留长, 乔家君, 乔谷阳. 中国专业村镇空间格局及其影响因素[J]. 经济地理, 2016, 36 (3): 131-138.

[202] 石大立, 汤钦乐, 叶玉琴. 农业专业村发展动力的理论探讨: 基于分工的角度[J]. 南方农村, 2014 (5): 21-23.

[203] 石敏俊. 区域发展政策模拟[M]. 北京: 中国人民大学出版社, 2016.

[204] 孙晓华. 产业集聚效应的系统动力学建模与仿真[J]. 科学学与科学技术管理, 2008, 29 (4): 71-76.

[205] 孙洪志, 张建中. 专业户、专业村促进了农村经济大发展[J]. 农业经济问题, 1982 (4): 65.

[206] 谭成文. 经济增长与集聚[M]. 北京: 商务印书馆, 2009.

[207] 唐承丽, 贺艳华, 周国华, 等. 基于生活质量导向的乡村聚落

空间优化研究［J］. 地理学报，2014，69（10）：1459 – 1472.

［208］汤放华，汤慧，孙倩，等. 长江中游城市集群经济网络结构分析［J］. 地理学报，2013，68（10）：1357 – 1366.

［209］藤田昌久，雅克 - 弗朗斯瓦·蒂斯. 集聚经济学——城市、产业区位与全球化（第二版）［M］. 石敏俊，等，译. 上海：格致出版社，2016.

［210］王栋. 我国农业产业集聚区形成机理研究［M］. 北京：中国传媒出版社，2009.

［211］汪海飞. 农业型专业村集聚机理研究［D］. 开封：河南大学，2014.

［212］王缉慈. 关于中国产业集群研究的若干概念辨析［J］. 地理学报，2004，59（z1）：47 – 52.

［213］王劲峰，廖一兰，刘鑫. 空间数据分析教程［M］. 北京：科学出版社，2010.

［214］王一. 美国大企业总部为何偏爱小城镇［J］. 国际品牌观察，2016（10）：67.

［215］王铮，毛可晶，刘筱，等. 高技术产业聚集区形成的区位因子分析［J］. 地理学报，2005，60（4）：567 – 576.

［216］威布尔. 演化博弈论［M］. 王永钦，译. 上海：上海人民出版社，2006.

［217］魏后凯. 区域经济发展的新格局［M］. 昆明：云南人民出版社，1995.

［218］危朝安. 深化认识　突出重点　大力推进一村一品发展［J］. 农村经营管理，2007（10）：4 – 9.

［219］卫龙宝，李静. 农业产业集群内社会资本和人力资本对农民收入的影响——基于安徽省茶叶产业集群的微观数据［J］. 农业经济问题，2014（12）：41 – 47.

［220］吴传钧. 论地理学的研究核心——人地关系地域系统［J］. 经济地理，1991，11（1）：1 – 6.

［221］吴福象，杨婧. 产业集群的生命周期及其演化机制——基于开

放条件下长三角重点制造业的实证分析 [J]. 华东经济管理, 2016, 30 (9): 1-9.

[222] 吴国林. 专业镇经济——一种新型乡镇经济发展模式 [J]. 科技导报, 2001 (5): 52-55.

[223] 吴加伟, 陈雯, 袁丰. 新时期产业区理论视角重构及相关实证研究进展 [J]. 地理研究, 2015, 34 (3): 487-503.

[224] 吴良镛. 广义建筑学 [M]. 北京: 清华大学出版社, 1989.

[225] 吴娜琳, 李二玲, 李小建. 特色种植专业村空间扩散及影响因素分析——以河南省柘城县辣椒种植为例 [J]. 地理研究, 2013, 32 (7): 1303-1315.

[226] 吴娜琳, 李小建, 乔家君. 农户行为与专业村形成的关系研究——以河南省柘城县史老八杨木加工专业村为例 [J]. 地理科学, 2014, 34 (3): 322-331.

[227] 吴娜琳, 乔家君, 李小建. 政府推动下农业专业项目的空间扩散——以西峡县香菇产业为例 [J]. 地理研究, 2017, 36 (8): 1557-1569.

[228] 吴学花. 西方城市化经济与地方化经济研究综述 [J]. 科学与管理, 2005, 25 (6): 50-51.

[229] 邬滋. 集聚经济对创新绩效的作用机理分析——基于地方化经济与城市化经济的比较 [J]. 工业技术经济, 2009, 28 (6): 109-112.

[230] 辛文. 日本"一村一品"运动及其借鉴意义研究 [D]. 南京: 南京农业大学, 2009.

[231] 辛向阳, 乔家君. 淘宝村集聚的时空演变及形成机制 [J]. 地域研究与开发, 2018, 37 (1): 11-15.

[232] 辛屿. 巧克力王国好时镇 [J]. 世界知识画报, 2014 (7): 36-41.

[233] 熊彼特. 经济分析史 (第一卷) [M]. 朱泱, 孙鸿敞, 李宏, 等, 译. 北京: 商务印书馆, 1991.

[234] 颜银根, 安虎森. 演化经济地理: 经济学与地理学之间的第二座桥梁 [J]. 地理科学进展, 2013, 32 (5): 788-796.

[235] 杨家伟. 栾川县旅游专业村集聚研究 [D]. 开封: 河南大学, 2014.

[236] 杨忍, 刘彦随, 龙花楼, 等. 基于格网的农村居民点用地时空特征及空间指向性的地理要素识别——以环渤海地区为例 [J]. 地理研究, 2015, 34 (6): 1077-1087.

[237] 杨忍, 张昕, 林元城. 农业型专业村地域类型分化特征及对乡村产业振兴的启示——以广东省为例 [J]. 经济地理, 2021, 41 (8): 34-44.

[238] 杨小凯. 经济学: 新兴古典与新古典框架 [M]. 北京: 社会科学文献出版社, 2003.

[239] 杨小凯, 黄有光. 专业化与经济组织: 一种新兴古典微观经济学框架 [M]. 北京: 经济科学出版社, 1999.

[240] 伊·普里戈金, 伊·斯唐热. 从混沌到有序——人与自然的新对话 [M]. 曾庆宏, 译. 上海: 上海译文出版社, 2005.

[241] 袁晓玲, 王芳, 许杨. 西安高新区集聚经济效应计量分析 [J]. 经济师, 2007 (10): 280-281.

[242] 余国扬. 专业镇发展研究——以狮岭镇为例 [J]. 热带地理, 2003, 23 (4): 366-370.

[243] 于洪雁, 李秋雨, 梅林, 等. 社会网络视角下黑龙江省城市旅游经济联系的空间结构和空间发展模式研究 [J]. 地理科学, 2015, 35 (11): 1429-1436.

[244] 曾亿武, 邱东茂, 沈逸婷, 等. 淘宝村形成过程研究: 以东风村和军埔村为例 [J]. 经济地理, 2015, 35 (12): 90-97.

[245] 曾尊固, 熊宁, 范文国. 农业产业化地域模式初步研究——以江苏省为例 [J]. 地理研究, 2002, 21 (1): 115-124.

[246] 湛东升, 张文忠, 余建辉, 等. 基于地理探测器的北京市居民宜居满意度影响机理 [J]. 地理科学进展, 2015, 34 (8): 966-975.

[247] 湛东升, 张文忠, 余建辉, 等. 问卷调查方法在中国人文地理学研究的应用 [J]. 地理学报, 2016, 71 (6): 899-913.

[248] 湛垦华, 沈小峰. 普利高津与耗散结构理论 [M]. 西安: 陕

西科学技术出版社, 1982.

[249] 张超, 乔家君. 种植专业村空间集聚的定量分析——以河南省信阳市浉河区为例 [J]. 河南大学学报（自然科学版）, 2015, 45 (3): 291-298.

[250] 张嘉欣, 千庆兰, 陈颖彪, 等. 空间生产视角下广州里仁洞"淘宝村"的空间变迁 [J]. 经济地理, 2016, 36 (1): 120-126.

[251] 张丽君, 秦耀辰, 张金萍, 等. 基于学习型区位论的县域产业集聚格局研究——以中原城市群为例 [J]. 经济地理, 2011, 31 (8): 1301-1307.

[252] 张柳青. 制造业型专业村空间集聚机理研究 [D]. 开封: 河南大学, 2014.

[253] 张学会, 王礼力. 农民专业合作社纵向一体化水平测度: 模型与实证分析 [J]. 中国人口·资源与环境, 2014, 24 (6): 37-44.

[254] 赵德华. 基于村际关联模式的空间联系与村域经济发展研究 [D]. 开封: 河南大学, 2009.

[255] 钟永光, 贾晓菁, 钱颖. 系统动力学（第二版）[M]. 北京: 科学出版社, 2017.

[256] 周灿, 李小建. 河南省农业专业村发展与地理环境关系研究 [J]. 地域研究与开发, 2015, 34 (4): 130-135.

[257] 邹统钎. 中国乡村旅游发展模式研究——成都农家乐与北京民俗村的比较与对策分析 [J]. 旅游学刊, 2005, 20 (3): 64-67.

[258] 朱邦耀, 宋玉祥, 李国柱, 等. C2C电子商务模式下中国"淘宝村"的空间聚集格局与影响因素 [J]. 经济地理, 2016, 36 (4): 92-98.

[259] 朱华友. 新经济地理学经济活动空间集聚的机制过程及其意义 [J]. 经济地理, 2005, 25 (6): 753-756.

[260] 朱乾坤, 乔家君, 韩冬, 等. 河南省专业村销售市场的时空变化——以50个专业村为例 [J]. 地理研究, 2022, 41 (3): 794-809.

[261] 朱文哲, 杜萍萍, 吴娜琳, 等. 传统农区蔬菜生产区位研究——以河南省开封市为例 [J]. 人文地理, 2015, 142 (2): 89-96.